조선 금수저의
슬기로운
일상탐닉

안나미 지음

의미와
재미

책을 내며

조선 금수저가 어떤 사람이냐고 물으면 대부분의 사람들이 양반을 꼽는다. 양반은 태어나면서부터 갖게 되는 양반이라는 신분 덕분에 호의호식하며 평생 손에 흙 한 번 안 묻히고 글이나 읽으며 편하게 살았던 사람이라고 생각하기 쉽다. 또 고리타분하고 융통성 없으며 나이를 앞세우고 남녀에 대한 차별 의식도 강한 꼰대라고도 생각할 것이다.

그러나 정말 그랬을까? 박지원의 〈양반전〉을 보면, 양반은 배고픔을 참고 추위를 견디며 입으로는 구차스러움을 남에게 말하지 않아야 했다. 자신의 손으로는 돈을 만지지도 말고 쌀값도 묻지 말아야 하며, 새

벽에 일어나 발꿈치를 엉덩이에 모으고 앉아서 종일 글을 외우고 살아야 했다.

조선시대 양반은 사회의 리더였다. 공자가 주장한 성리학의 도를 실천하기 위해 평생을 쉬지 않고 공부하며 항상 스스로를 채찍질해야 했다. 그래서 부귀영화를 꿈꾸어서는 안 되며, 맛있는 음식과 호화로운 집을 대놓고 누릴 수도 없었다. 꽃 한 송이를 좋아하는 것도 다 성리학의 도에 맞아야 했고 취미 생활 하나도 성리학의 도에 어긋나서는 안 되었다. 성리학의 도는 모두가 함께 잘사는 대동大同 사회를 실현하는 것이다. 일반 백성들보다 더 많은 것을 가진 자가 백성들의 삶을 돌아보지 않고 오로지 자신만 호의호식과 취미에 빠질 수는 없었다. 가진 돈이 많고 지위가 높다고 해서 실컷 누려서는 안 되는 것이다. 그래서 먹는 것 입는 것을 비롯해 생활 속 하나하나를 성리학의 도에 맞추고 살려다 보니 현대를 사는 우리가 보기에 답답하게 느껴지는 것은 아닐까?

양반도 사람이다. 기본적으로는 성리학의 도가 허용하는 범위에서 생각하고 생활했겠지만, 인간이 가지는 기본적인 본능을 완전히 없애고 살수는 없었다. 조선이라는 사회에 살았던 그들만의 인간적인 삶의 모습을 편견 없이 한 번쯤은 봐줄 필요가 있지 않을까?

몇 년 전에 조선시대 선비를 주제로 일반인 대상의 강의를 의뢰받은 적이 있다. '조선시대'와 '선비'라는 단어가 가지는 오래되고 따분한 이미지를 벗고 그 시대의 리더로 살았던 선비들의 인간적인 삶의 모습에서 오늘을 사는 우리도 공감할 수 있는 것이 무엇일까 고민했다. 8주의 강의라 여덟 개의 주제로 정리하면서, 가능하면 현대인들의 삶과 문화의 코드에 맞는 것으로 골라보려고 했다.

그러다 보니 선비들의 일면만 강조하여 또 다른 편견을 갖게 하는 것은 아닐까 걱정도 들었다. 그래도 과거의 선비와 현재의 내가 만나는 공통의 지점을 선택하는 것이 가장 쉽고 재미있게 이해할 수 있지 않을까 생각하면서 자료를 모으고 정리했다. 내 전공 분야가 조선 중기라 자료의 상당 부분이 한쪽으로 쏠린 면이 없지 않다. 모르는 것을 다루다 실수하는 것보다는 낫지 않을까 하는 변명으로 위안 삼는다.

책의 제목을 정할 때 선비라는 말이 따분하니 '금수저'로 하자는 편집자의 의견을 수용하면서도 한편으로는 선비들을 폄하한다는 질책을 들을까 걱정도 했지만, 독자가 흥미를 가지고 접근하는 것도 중요한 것이라고 생각했다. 어쨌거나 시간을 거슬러 조선시대 선비들의 인간적인 모습을 만나 지금을 살아가는 자신과 대화해 볼 수 있도록 이 책이 조금이라도 기회를 만들어줄 수 있다면 다행이라고 생각한다.

안나미

목차

탐닉
하나

선비의
미식회

먹는 것은 모든 동물의 생존 본능이다.
먹지 않으면 살아갈 에너지를 얻을 수 없어 결국 죽음에 이르기 때문이다.
인간도 먹어야 산다. 어린아이부터 노인까지, 부자나 가난한 자나 누구나
먹어야 살 수 있다. 그렇다고 오직 생존을 위해서만 먹지는 않는다.
이왕이면 맛있는 음식을 먹고 싶어 한다. 음식을 먹는 것은 생존 본능이지만,
맛있는 음식을 좋아하는 것은 일종의 사치일 수 있다. 먹는 것에 사치하지
않으려고 노력했던 조선시대 선비들은 어떤 음식을 좋아했을까?
선비들의 음식을 대하는 태도는 어땠을까?

봄날의 시냇물 풀리고 부들 싹 짧으니	桃花水暖蒲芽短
하돈河豚이 벌써 여울을 거슬러 왔다 하네	聞道河豚已上灘
낚싯대 하나 들고 강가로 가고 싶지만	欲把一竿江上去
밤에 가랑비 내리니 봄추위 겁나네	夜來微雨悄春寒

추운 겨울이 지나고 복사꽃 필 무렵이면 얼음이 풀리고 시냇물이 불어나는데 이것을 도화수桃花水라고 한다. 이때가 되면 부들의 싹이 돋아나기 시작하면서 하돈河豚이 돌아온다고 한다. 하돈이 온다는 소식이 들려오니 낚싯대 들고 잡으러 가고 싶지만 봄밤의 추위가 두려워 망설이고 있다.

이 시는 조선 중기 4대 문장가 중 한 사람인 월사月沙 이정귀李廷龜가 한강의 양화진楊花津에 하돈河豚이 올라오고 있다는 말을 듣고 참봉인 성복成輹에게 써 준 것이다. 하돈이 올라올 때가 되었으니 잡아서 같이 먹고 싶다는 뜻을 전하고 싶었을 것이다.

이 시에서처럼 조선시대 문인들의 글에는 '봄이 되면 부들 싹 짧고 하돈이 올라오네'라는 상투적인 문구가 여러 작품에 자주 보인다. 이는 중국 송나라 시인 소식蘇軾의 〈혜숭의 봄강 해질녘 풍경 [惠崇春江晚景]〉이라는 시에서 "물쑥은 온 땅에 가득하고 부들 싹 짧으니, 바로 하돈이 올라올 때로다 [蔞蒿滿地蘆芽短 正是河豚欲上時]"라는 싯구를 인용한 표현이다.

이 시에서 하돈은 무엇일까? 낚시를 하고 싶다고 하는 것으로 보아 물고기일 것이다. 하돈을 글자 그대로 풀어보면 '물에 사는 돼지'라는 뜻으로 복어를 가리킨다. 물에 있는 맛있는 고기라는 의미로 돼지라는 글자를 썼다고도 하고, 복어가 물에서 돼지처럼 울어서라고도 하는데, 어쨌거나 복어의 배가 볼록하니 돼지라는 글자를 쓴 이유는 한 가지만은 아닐 것 같다.

허균은 음식품평서 『도문대작屠門大嚼』에서 '복어는 한강에서 나는 것이 가장 맛이 좋은데, 독이 있어 사람이 많이 죽는다'고 했다. 한강에서 복어를 많이 잡는 이유가 그 맛 때문인가 보다.

조선 후기 실학자 이규경李圭景이 쓴 백과사전 『오주연문장전산고五洲衍文長

筆散稿』에서는 "어떤 사람이 말하기를 '복어는 두꺼비가 변한 것이기 때문에 그 모양이 서로 비슷한 것이다'라고 하였다. 나의 조부가 지은 『이목구심서耳目口心書』에서도 '두꺼비가 변하여 복어가 되었다'라고 하였다"라면서 복어에 대해 변증하였다. 그리고 보니 복어의 모양이 두꺼비와 비슷해 보이기도 한다. 이규경은 조선 후기 실학자 이덕무李德懋의 손자이니 여기에서 '나의 조부'는 이덕무이다.

조선시대 사람들이 복어를 얼마나 먹었을까 궁금해서 복어鰒魚를 검색해 보면 상당히 많은 글이 나타난다. 그런데 내용을 자세히 보면 요즘 우리가 먹는 복어와는 사뭇 다르다. 조선시대 기록에서 '복어'의 '복鰒'이라는 글자는 주로 전복全鰒을 가리키고 요즘 말하는 복어는 하돈이나 하어河魚라고 불렀다. 그래서 복어국을 하돈갱河豚羹 또는 하돈탕河豚湯이라고 했다.

복어는 예나 지금이나 맛있는 음식으로 꼽힌다. 그러나 함부로 먹을 수 없는 음식이다. 독성 때문에 잘못 먹었다가는 목숨을 잃을 수 있기 때문이다. 정말 맛있기 때문일까? 아니면 함부로 먹을 수 없어서 귀하고 맛있는 음식으로 생각하게 되는 것일까?

조선 후기의 문인 서영보徐榮輔, 1759~1816는 〈사월 초에 복어를 구할 수 없어서 매우 서운한 마음에 소동파의 시에 차운하여 시를 지었다 [維夏之初 河豚不可得 恨甚有作 次東坡韻]〉라는 제목의 시를 지었다.

복사꽃 가지마다 가득 피어 　　　　　　桃花無數滿枝枝

미나리잎과 참깨 맛있는 줄 아는데 芹葉胡麻美獨知

복어의 계절 또 보내 버리니 서운하네 惆悵河豚又送節

웅어로 바꿔서 이때를 지켜야겠네 葦魚應復遞持時

이 시를 읽어보면 복어가 올라오는 때가 복사꽃 필 무렵이고 그때가 가장 맛있는 때라는 것을 알 수 있다. 복사꽃 필 무렵 복어가 맛있어지는 그때를 놓쳐버리는 안타까움이 잘 나타나 있는데, 그만큼 복어를 즐겼던 선비들이 많았던 것일까? 복어는 치명적인 독이 있어 지금도 가끔 복어를 먹다가 인명 사고가 나는 경우가 많은데, 과연 조선시대에 안전하게 복어를 먹을 수 있었을까? 문인들의 글에 복어가 자주 언급되기는 하지만 조선시대에 복어를 먹는 일은 그다지 흔하지 않았다. 맛있는 복어를 먹기 위해서는 하나뿐인 목숨을 걸어야 했기 때문이다.

조선 후기 문인 이유원李裕元은 『임하필기林下筆記』에서 『논형論衡』에 '복어의 간은 사람을 죽인다'라고 했다. 대개 복어에 독이 있어 옛사람들은 요리하여 먹는 이가 적었다. 송나라에 와서 '한 번의 죽음과 부딪쳐 볼 만하다'라는 말이 있게 되었으나 이것은 한때의 풍습이다"라고 했다.

'한 번의 죽음과 부딪혀 볼 만한 음식'이 바로 복어 요리였던 것이다. 맛있기 때문에 목숨까지 걸고 먹어야 했고, 죽기 전에 한 번은 먹어봐야 하는 음식이 복어였기에 목숨을 걸고 도전해 보고 싶었을지도 모르겠다.

조선시대 문인들의 복어에 대한 글을 보면 맛있게 잘 먹었다는 것보다는 먹지 말라는 당부가 더 많다. 무왕武王이 복어鰒魚를 먹으려고 하자 태공太

公이『예기禮記』에 기록되지 않은 것을 먹어서는 안 된다고 하는 것을 인용하면서 먹지 말아야 할 음식으로 복어를 꼽기도 했다.

조선 후기 문인 이덕무는 "이삼월 사이에 어선漁船이 강에 정박하면 하돈이 자주 나타나므로 촌사람들이 잡아서 먹는데, 먹고서 중독되어 죽는 자가 제법 많다. 반드시 죽는다는 것을 알면서도 두려워하지 않으니 어찌 그리 어리석단 말인가. 이 시를 써서 스스로 경계하는 한편, 하돈을 즐겨 먹는 자에게 보여주는 것이다"라고 하면서 〈하돈탄河豚歎〉이라는 시를 지어 복어 먹는 일을 말리고 나섰다.

하돈에 혹하는 자들은	惑於河豚者
맛으로는 최고라고 스스로 말하지	自言美味尤
비린내가 가마솥 가득하여	腥肥污鼎鼐
가루 넣고 또 기름 뿌리면	和屑更調油
물고기와 육고기 맛 알지 못하니	不知水陸味
방어와 소고기가 다시 있구나	復有魴與牛
사람들이 모두 보고 좋아하는데	人皆見而喜
나 홀로 보고는 근심하네	我獨見而憂
아! 세상 사람들아	吁嗟乎世人
목구멍 기름칠한다고 즐거워마라	勿喜潤脾喉
……	

아! 백 년을 못 사는 몸이라	嗚呼百年身
죽을 때 생각하면 근심스러운데	考終猶或愁
어찌 독 있는 것을 삼켜	奈何吞毒物
가슴에 창을 간직하려는가	胸藏戈與矛
순간의 즐거움 있더라도	雖有頃刻喜
끝내 목숨을 소홀히 하는 것이네	終然命忽轗

이덕무의 아들은 "아버지는 하돈河豚을 드시지 않았다. 항상 하돈 먹는 사람을 경계하기를 '어찌 입과 배를 채우기 위하여 생명을 망각하랴' 하였다"고 하면서 아버지 이덕무가 복어 먹는 일을 금했다는 것을 강조했다. 복어를 먹으면서 목숨을 잃는 것을 무척이나 안타까워한 것 같다. 이덕무의 『사소절士小節』에 보면 과거시험 볼 때 게를 먹지 않았는데, 게 해蟹에 해解자가 들어가 있으니 해산解散이란 것을 꺼리기 때문이고, 장거章舉도 먹지 않았는데, 장거는 속명俗名이 낙제落蹄이므로 그 음이 낙제落第와 비슷하기 때문이라고 했다. 그런데도 복어를 먹는 것을 꺼리지 않으니 과거 낙제보다 목숨을 더 가볍게 여기는 행태라고 한탄했다.

조선 중기 문인 이민구李敏求는 〈이웃집 아이가 복어를 먹고 갑자기 죽었다 [隣兒食河豚暴亡]〉는 시를 지어 복어의 독이 사람을 죽인다는 것을 말했다. 복어를 먹고 생명을 잃은 사람은 많았는데, 숙종 때 영의정이었던 최석정崔錫鼎도 복어를 먹고 거의 죽을 뻔하였다. 남구만南九萬이 이 말을 듣고서 먹을 만한 것이 얼마나 많은데 하필이 복어를 먹었냐면서 복어 먹은 것을 탓하는 내용이 『조선왕조실록』 숙종 35년(1709) 2월 21일의 기록에 있다. 복어를 먹다가 이런 사고를 당하는 경우가 종종 있었기에 목숨을 잃을지도 모르는 복어를 먹지 말라고 오랫동안 강조했지만, 사람들은 지속적으로 복어를 먹었다. 봄철 복사꽃이 필 때면 한강에 복어를 먹겠다는 사람들이 몰렸다는 것만 봐도 복어는 목숨을 걸고라도 먹고 싶었던 음식인가 보다.

복어를 먹다 목숨을 잃기도 했고, 죽기 전에 복어를 한 번 먹어보고 싶어했으나 복어를 끝내 먹지 못하고 세상을 떠나기도 했다. 남을 죽이기 위해 몰래 음식에 복어 독을 타기도 했고, 복어 맛을 잊지 못해 친구 집에 가서 복어를 대접받기도 했다. 목숨은 하나뿐이지만 복어의 맛을 알지 못한 채 죽는 것보다는 먹어 보고 죽는 것이 낫다고 생각한 것일까.

"정원 안에 대나무 숲 우거지고, 뜰에 꽃나무 줄지어 있으니, 봄의 꽃과 가을의 열매, 여름의 그늘과 겨울의 푸르름 모두 사랑할 수 있을 것이다. 그리하여 속세의 먼지 그물망에서 빠져나와 스스로 물외物外의 경지에서 노닐 수 있을 것이니, 이제는 얻고 잃는 것이 마음 쓰이지 않고, 옳고 그름이 귀에 들어오지 않는다. 이에 순채국과 농어회로 입맛을 맞추고 거문고와 책으로 정신을 수양할 수 있을 것이다."

대나무 숲 우거지고 꽃나무 아름답게 있는 곳에서 봄, 여름, 가을, 겨울의 혜택을 모두 누리게 되니, 번잡한 속세에서 벗어나 욕심 다 버리고 이익과 손해도 신경 쓰지 않고 세상의 시비是非도 따지지 않으면서 살수 있게 되었다. 그러면서 순채국과 농어회를 맛보고 거문고 연주하고 책 읽으며 평화롭게 정신을 기를 수 있으니 한가롭고 편안한 선비의 모습이다.

이 글은 조선시대 문인 조익趙翼이 호남 관찰사 민후閔侯의 부탁으로 써준 〈용졸당기用拙堂記〉의 일부다. 용졸당은 민후가 임천林川에 있는 옛 별장에 집 한 채를 새로 짓고는 그곳의 멋진 강산의 모습과 우거진 대나무 숲을 찬양하여 지은 별장의 이름이다.

여기에서 '순채국과 농어회로 입맛을 맞추고'라는 문구가 나오는데, 조선시대 문인들의 글에 자주 등장하는 상투적인 표현이다. 순채국이나 농어회가 따로 나올 때도 있지만, 대개는 서로 짝을 맞춰 함께 나오는 세트 메뉴다. 조선 선비들에게 순채국과 농어회는 어떤 의미일까? 순채국과 농어회는 '순갱노회蓴羹鱸膾'라고 부르는데 줄여서 '순로蓴鱸'라고도 한다. 이 세트 메뉴에는 전하는 이야기가 있다.

중국 진晉나라에 장한張翰이라는 사람이 동조연東曹掾이라는 관직에 있다가 어느 날 가을바람이 불어오는 것을 보고 고향 오중吳中의 순채국과 농어회가 그리워진다고 하면서 "인생이란 마음에 맞는 것을 하는 것이 소중한데, 어찌하여 관직에 얽매여 고향을 떠나 수천 리 길을 떠돌아다니면서 더 높은 자리에 오르기를 바라겠는가"라고 한 후 벼슬을 버리고 바로 고향에 돌아갔다는 이야기가 『진서晉書』 「장한전張翰傳」에 전한다.

벼슬살이에서 벗어나 고향에서 마음 편히 살고 싶겠지만, 예나 지금이나 그런 결단은 쉽지 않다. 벼슬이라는 것이 먹고 살기 위한 방편일 수도 있지만, 자신과 가문의 명예를 위해 필요한 것이기 때문에 쉽게 버리기 힘들다. 그래서일까? 선비들은 으레 순채국과 농어회를 들먹이며 벼슬살이의 고단함에서 벗어나고 싶은 로망을 표현했다.

진나라 장한의 이야기에는 단지 벼슬을 버리고 마음 편히 고향에 돌아가겠다는 의미만 있는 것이 아니다. 장한이 재상으로 있을 때 나라의 정치가 어지러워 벼슬에서 물러날 기회만 엿보고 있다가 정세를 살펴보니 곧 난리가 날 것 같아 고향으로 돌아갈 날을 생각하고 있었다. 그러다 마침 가을이 되어 농어회와 순채를 핑계 삼아 고향으로 간 것이다. 장한이 낙향한 후 반란이 일어났지만 재상에서 물러난 장한은 목숨을 건졌다.

외로운 학 나그네 꿈을 깨우고	客夢驚孤鶴
주방에선 큰 농어 회를 뜨고 있네	行廚斫巨鱸
평생 장한張翰의 흥취 좋아했기에	平生張翰興
지금 당장 오 나라로 가고 싶네	直欲向東吳

조선 중기 4대 문장가의 한 사람인 장유張維는 순채국과 농어회를 자주 인용했다. 벼슬을 버리고 싶다기보다는 벼슬에 연연하지 않고 자유의지로 살아가고 싶어했던 장한의 풍취를 좋아했기 때문일 것이다. 벼슬살이가 힘겨울 때나, 고향을 그리워할 때나, 아니면 벼슬에 큰 욕심이 없다는 것

을 강조할 때도 이 표현을 쓴다. 하지만 진짜 농어가 맛있는 계절이 돌아올 때나 맛있는 순채국이나 농어회가 먹고 싶을 때도 쓰기 때문에 이 표현을 하나의 의미로 한정할 수는 없다.

장한이 농어회를 핑계로 벼슬을 버리고 고향으로 돌아간 것이 이해가 될 만큼 농어는 맛있는 생선인 것이다. 그래서 순갱노회專羹鱸膾 말고도 최고의 농어회를 표현하는 말에 '금제옥회金虀玉膾'가 있다. 금빛 양념장과 농어의 살이 옥처럼 하얗기 때문에 붙여진 이름으로 이 농어회의 양념에 노란 귤껍질을 잘게 썰어 넣는다고 한다. 지금이야 귤이 흔히 먹을 수 있는 과일이지만, 조선시대에 귤은 제주 특산으로 귀하디 귀한 것이라 귤껍질로 양념을 한다는 것도 대단한 사치인 셈이다.

또 서리 내린 뒤 석 자 미만의 농어를 잡아 회를 떠서 꽃잎을 잘게 썰어서 버무려 먹기도 했는데, 이것을 '금제작회金虀斫膾'라고 한다. 입으로만 먹는 것이 아니라 눈으로도 충분히 농어회를 즐겼던 것이다. 농어회를 먹는 다양한 방법에 따라 그 이름도 다르지만, 맛있다는 것만큼은 변함이 없다.

그런데 선비들은 음식에 대한 미적 기호를 드러내지 않는 것이 원칙이다. 그래서 조선시대 선비들이 맛있는 음식을 품평하거나 찾아다니는 것에 대한 기록은 흔하지 않다. 실제 맛있는 음식에 대해 관심이 없어서라기보다는 미식과 탐식에 대한 경계가 강했기 때문이다. 유교 사회에서 사대부들의 음식에 대한 태도는 배부르게 먹지 말아야 하고, 거친 음식을 먹어야 하며 맛있는 음식을 탐해서는 안 되는 것이다.

'거친 밥 먹고 물을 마시며 팔 베고 누우니 즐거움이 그 안에 있다 [飯疏食飲水 曲肱而枕之 樂亦在其中矣]'라는 공자 말씀을 따르다 보니 그런 것일까? 선비란 시대의 지식인이며 그 사회를 이끌어가는 리더다. 리더 스스로 식욕에 대한 본성을 절제하는 모습을 보여야 했기에 오래도록 선비들은 거친 음식, 적은 음식으로도 만족하는 태도를 지켜왔다. 그렇지만 선비라고 해서 식욕에 대한 본능을 모두 절제하고 산 것은 아니다.

"가림㑉林은 바닷가에 있어 궁벽한 지역이기는 하지만 생선과 게가 풍부하니 그곳으로 가고 싶은 마음 간절합니다. 들으니 공주公州와 같은 시기에 임명한다고 하는데, 그곳은 번잡한 곳인 데다가 게도 없고, 또 고을을 감독하는 관청까지 있으니, 내 이름은 거론하지 않는 것이 어떻겠습니까? 지역이 서로 가까워서 혹시라도 가림의 자리를 얻으려고 경쟁하는 사람에게 밀려날까 염려하여 번거롭게 말합니다."

황해도 배천白川에 부임하고 싶지 않다고 말하며 대신 가림㑉林(충남 부여군 임천면)으로 임명해달라고 부탁하는 이유가 생선과 게 때문이다. 혹시라도 근처의 공주로 보낼까봐 걱정하며 이름도 꺼내지 말아달라고 부탁하는 이 사람은 누구일까? 생선과 게를 무척 좋아하는 사람일 것이라 짐작할 수 있다. 이 글은 1607년 10월에 허균이 최천건崔天健에게 보낸 편지의 일부다. 가림으로 부임하고 싶어하는 마음을 분명하게 드러냈지만, 결국 허균은 공주로 부임하고 말았다. 다음 편지에서 이 또한 운명이라고 포기하는 허균은 유명한 미식가였다.

그는 1611년 전라도 함열에서 우리나라 최초의 음식품평서를 썼다. '푸줏간 앞에서 크게 입맛을 다신다'라는 의미로『도문대작屠門大嚼』이라는 제목을 달고, 조선 8도의 음식을 그 생산지와 조리법, 특징과 명칭에 대해 기록해 놓았다. 이 책은 허균이 유배가서 썼는데, 저술 이유를 책의 서문에 이렇게 밝혀 놓았다.

"우리 집은 가난하긴 했지만 선친이 생존해 계실 때 사방에서 나는 별미를 예물로 바치는 자가 많아서 나는 어릴 때 온갖 귀한 음식을 고루 먹을 수 있었다. 커서는 잘 사는 집에 장가들어 산해진미를 다 맛볼 수 있었다.
임진왜란 때에는 병화를 피해 북쪽으로 갔다가 강릉으로 돌아왔는데, 그곳에서 기이한 해산물을 고루 맛보았고 벼슬길에 나선 뒤로는 남북으로 전전하며 우리나라에서 나는 별미를 모두 먹어볼 수 있었다."

허균은 어려서 부친 덕분에 진귀한 음식을 고루 먹을 수 있었고, 결혼해

〈풍속화〉 ©국립중앙박물관

서는 부잣집에 장가들어 산해진미를 맛볼 수 있었으며 임진왜란 때 북쪽
까지 갔다가 고향인 강릉을 오갔고 여러 곳에 부임하느라 전국을 다니며
그 지역의 맛있는 음식을 먹어볼 수 있었다. 전국 각지의 음식을 두루 먹
어본 허균이 음식품평서를 쓰는 것은 당연하게 여겨진다. 그러나 허균
은 유배생활을 하면서 지난날에 먹었던 음식이 생각나 견딜 수 없어 그

것을 기록해 놓고는, 때때로 보면서 한 번 맛보는 셈 치겠다고 하며 제목을 '도문대작'이라고 지었다.

전국의 음식을 맛볼 기회는 다른 선비들에게도 주어졌을 텐데 왜 허균만 음식품평서를 남겼을까? 허균만이 미식가이기 때문은 아닐 것이다. 조선 전기의 문인 서거정徐居正도 대단한 미식가로 특히 게장을 좋아해 게장에 대한 글을 많이 지었다. 〈시골 주방의 여덟 가지 음식을 노래하다 [村廚八詠]〉라는 글을 지어, 쌀밥·차조로 만든 술·붕어회·게장·삶은 닭·찐 새우·미나리 국·배추김치의 맛을 표현하기도 했다. 허균이 우리나라 최초의 음식품평서를 쓰게 된 이유는 무엇일까?

"식욕과 성욕은 사람의 본성이다. 더구나 먹는 것은 생명에 관계된 것이다. 선현들이 먹는 것을 바치는 자를 천하게 여겼지만, 그것은 먹는 것만을 탐하고 자기 이익을 추구하는 자를 지적한 것이지 어떻게 먹지도 말고 말하지도 말라는 것이겠는가. 그렇지 않다면 무엇 때문에 팔진미의 등급을 『예경禮經』에 기록했으며, 맹자가 생선과 곰발바닥을 구분했겠는가."

허균이 살았던 조선 사회는 성리학 사상을 바탕으로 하여 식욕과 성욕을 자제하고 예를 따르도록 권하였다. 특히 선비에게 미식과 탐식은 경계되었지만 허균은 조선 사회의 예교와 속박을 거부하고 억압된 인간 본성을 회복해야 한다고 주장했다. 절제와 금욕을 강요하는 조선 사회에서 허균은 인간 본성 중에서 가장 큰 욕망의 하나인 식욕을 가지고 억압과 규율에 저항하려는 의지를 보인 것이다.

『도문대작』이 지어진 또 하나의 배경을 찾자면 당시 중국에서 일어난 미식 열풍 현상을 꼽을 수 있다. 허균이 살았던 당시 중국은 음식에 대한 관심이 폭발하며 많은 음식 책들이 출판되었다. 허균이 중국의 음식 책을 많이 보았지만 맛있는 음식을 기록만 할 뿐 그다지 도움되는 것이 없어 자신이 직접 먹어본 음식으로 음식품평서를 쓰겠다고 밝혔다.

당시 명나라는 농업기술이 고도로 발달해 중국의 음식문화도 새롭게 발전하고 있었다. 거기에 상업경제가 번영하면서 유통이 발달하여 중국 전 지역의 식재료가 빠른 시간 안에 도착할 수 있게 되었다. 경제의 발달로 인해 소비문화가 성행하여 의식주의 사치가 극에 달했는데, 그중에서 음식은 이러한 소비문화를 잘 반영했다. 그러다 보니 다양한 요리법이 등장하고 호화로운 음식이 만들어지게 되면서 이를 즐기는 사람들도 늘어나게 된 것이다.

명나라 말기가 되면 여러 종류의 음식 책이 출판되고 문인들 사이에서도 음식 책을 쓰는 것이 유행했다. 명나라 문인들은 음식 책을 쓰기 위해 음식을 맛보고 즐기는 모임을 만들어갔으며 음식사飮食社라는 조직이 지역별로 문예 취향별로 다양하게 결성되었다. 이런 현상이 당시 명나라 문화를 개혁하는 데 앞장섰던 문인들에 의해 주도되었다는 점으로 볼 때, 허균도 조선 사회의 억압된 분위기를 개혁하고 싶은 마음을 음식으로 표현하려 했던 것은 아닐까.

"내가 죄를 짓고 바닷가로 유배되었을 적에 쌀겨마저도 부족하여 밥
상에 오르는 것은 상한 생선이나 감자와 들미나리 등이었고 그것마
저도 끼니마다 먹지 못하여 굶주린 배로 밤을 지새울 때면 언제나 지
난날 산해진미도 물리도록 먹어 싫어하던 때를 생각하고 침을 삼키
곤 하였다. 다시 한 번 먹어보고 싶었지만, 하늘나라 서왕모西王母의 복
숭아처럼 까마득하니, 먹는 것에 사치하고 절약할 줄 모르는 세속의
현달한 자들에게 부귀영화는 이처럼 무상할 뿐이라는 것을 경계하고
자 한다."

허균이 『도문대작』을 저술한 이유를 마지막에서 이렇게 정리했다. 부족
한 것 없이 호의호식하다가 유배생활을 하게 되면서 굶주린 배로 밤을
지새울 때면 예전에 질리도록 먹었던 맛있는 음식이 생각났지만 이제는
침이나 삼킬 수밖에 다른 도리가 없는 처지가 되었다. 그제서야 먹을 것
으로 사치하는 사람들에게 경종을 울리고 더 나아가 부귀영화가 참으로
무상할 뿐이라는 것을 알리고 싶었던 것이다.
조선의 금수저로 태어나 전국의 맛있는 음식을 거의 다 섭렵하며 그것
을 품평하는 허균은 충분히 부러움의 대상이다. 그러나 유배 가서 굶주
림에 지쳐 음식품평서를 썼던 허균의 심정을 생각해 보면 그의 말대로
부귀영화가 참 덧없다.

허균이 조선의 미식가로 이름을 얻은 데에는 집안 내력도 있는 것 같다. 지금도 그 이름값을 하는 초당두부는 강릉의 유명 음식이다. 대개 소금에서 추출한 간수로 두부를 만드는데, 초당두부는 간수 대신 동해 바닷물로 만들었다고 한다. 누가 처음 바닷물로 두부를 응고시킬 생각을 했을까? 초당두부의 원조를 따져보면 당시 강릉부사로 재임하던 허엽^許^曄이 처음 만들었다고 한다. 허엽은 허균의 아버지다. 역시 미식가의 가문인가보다.

『도문대작』 서문에서도 밝혔듯이 허균의 집안은 전국에서 진귀한 음식을 예물로 많이 받을 수 있었다고 한다. 이처럼 조선시대에는 음식으로 인사를 전하기도 하고 청탁을 하기도 했다. 지금도 명절이면 소고기나 고급 생선 같은 음식으로 인사를 하니 낯선 모습은 아니다. 그런데 조선시대에 음식으로 벼슬을 얻는 경우도 있었다.

"이충李沖은 타고난 성품이 탐욕스럽고 방종하며 거칠고 사나웠다. 광해 말년에 온갖 수단을 다 부려 임금에게 아첨하고 못된 비위를 맞추었다. 겨울에는 반드시 땅속에 큰 집을 마련해 놓고 그 안에 채소를 심었는데, 새로운 맛을 취한 것이었다. 반찬을 매우 맛있게 장만해 아침저녁으로 올렸는데, 그로 인해 총애를 얻어 높은 품계에 올랐다. 그가 길에 오가면 비록 삼척동자라도 반드시 잡채 판서雜菜判書라 지목하면서 너나없이 침뱉고 비루하게 여겼다."

『조선왕조실록』 광해군 즉위년(1608) 12월 10일의 기록이다. 이충李沖이 왕에게 맛있는 음식을 만들어 바쳐 판서 벼슬을 얻어서 잡채 판서라고 놀림을 당했다는 내용이다. 조선시대 잡채는 지금의 당면이 들어간 것이 아니라 온갖 채소를 볶아서 만드는 음식이다. 지금이야 비닐하우스에서 계절에 상관없이 모든 채소를 재배하기 때문에 겨울에 채소를 먹는 일이 일상이지만, 조선시대에는 겨울에 채소를 먹기 어려웠다. 이충은 겨울이면 땅속에 큰 집을 만들어 그 안에다 채소를 심고 가꾸었다니 그 정성이 정말 대단하다. 잡채를 만들어 바치기 위해 겨울에 땅속에 굴을 파고 채소를 길렀던 그 발상과 정성을 생각한다면 광해군이 이충에게 벼슬을 주지 않을 수 없었을 것 같기도 하다.

조선 중기의 4대 문장가 신흠申欽은 "이익을 좋아하고 염치가 없는 자는 내시들에게 붙어 못할 짓이 없다. 심지어 잡채 상서雜菜尙書니 침채 정승沈菜政丞이란 말이 세상에 유행하였으니, 이것은 잡채나 침채를 임금께 바치고 사랑을 받은 것이다"라고 비꼬았다. 침채는 김치를 말한다. 잡채뿐만 아니라 김치를 바치고도 벼슬을 한 사람이 있다는 것이다. 이충은 진기한 음식을 만들어 사사롭게 궁에 바쳤는데 왕은 식사 때마다 반드시 이충의 집에서 만들어 오는 음식을 기다렸다가 수저를 들곤 했다는 말이 있을 정도였고, 당시에 어떤 사람이 "사삼沙蔘 각로 권세가 처음에 중하더니 잡채 상서 세력은 당할 자 없구나"라고 시를 지어 조롱했다고 한다. 사삼 각로가 잡채 상서의 세력에 밀렸다는 뜻인데, 여기에서 사삼 각로는 또 누구일까? 『조선왕조실록』 광해군 11년(1619) 3월 5일의 기록에 "각로는 한효순韓孝純을, 상서는 이충을 지칭하는 것이었다. 한효순의 집에서는 사삼沙蔘으로 밀병蜜餠을 만들었고, 이충은 채소에다 다른 맛을 가미하였는데, 그 맛이 희한하였다"라는 것으로 보아 사삼 각로는 당시 좌의정이었던 한효순이라는 것을 알 수 있다.

사삼은 더덕을 말하고 밀병蜜餠은 허균의 『도문대작』에 약과藥果나 산자의 종류로 제사나 손님 접대에 사용한다고 밝힌 것으로 보아 유밀과의 일종인 것 같다. 더덕으로 밀병을 만들어 왕에게 바쳐 벼슬을 얻었다니 능력에 맞지 않는 과분한 벼슬을 얻었다는 의미로 볼 수 있겠다. 한효순은 임진왜란 때 큰 공을 세운 장수로, 수군통제사 이순신 장군의 추천을 받기도 한 인물이다. 더 높은 벼슬에 오르고 싶은 욕심에 음식을 바친 것이 두고두고 조롱거리가 된 것이니, 나중에 후회했을지도 모르겠다.

"이팽수李彭壽는 정원의 천거도 없었는데 김안로가 마음대로 천거한 것이었다. 본시 이팽수는 김안로와 한 마을에 살았으며 이팽수의 아비는 김안로의 가신家臣이었으므로, 김안로는 이팽수를 자제처럼 여겼다. 김안로는 개고기를 좋아했는데, 이팽수가 봉상시 참봉奉常寺參奉으로 있을 때 크고 살진 개를 골라 사다가 먹여 늘 그의 입맛을 맞추었으므로 김안로가 침이 마르도록 칭찬했는데 어느 날 갑자기 청반淸班에 올랐으므로 사람들은 그를 가장 주서家獐注書라고 불렀다."

『조선왕조실록』 중종 29년(1534) 9월 3일의 기록이다. 이팽수가 김안로에게 개고기를 바쳐 승정원 주서가 되니 사람들이 그를 가장 주서家獐注書라고 놀렸다. 여름에 개고기를 삶아 먹는 것을 '가장家獐'이라고 하니 개고기 주서라는 뜻이다. 앞에 나왔던 사삼 각로, 잡채 상서가 왕에게 음식을 바치고 벼슬을 얻은 것이라면 가장 주서, 즉 개고기 주서는 당시 권력자에게 음식을 바치고 얻은 벼슬이다.

대개 개고기는 가장家獐 또는 가장증家獐蒸이라고 하여 삶아 먹었다고 하는데, 김안로는 개고기 구이를 즐겼던 것 같다. 『조선왕조실록』 명종 5년(1550) 5월 24일 기록에 보면 "진복창陳復昌이 봉상 주부奉常主簿로 있을 때 이팽수와 동료였는데, 김안로에게 아첨하여 좋은 벼슬을 얻으려고 다투어 개고기 구이를 바쳤다. 진복창은 자신이 구운 개고기 맛이 최고라고 생각하고 올렸지만 승자는 이팽수가 되었다.

개고기는 성균관 유생들의 초복 식단에도 나온다. 성균관의 생활을 노래한 〈반중잡영泮中雜詠〉에 "초복에는 개고기 한 접시를 올리고 중복에는 참외 두 개를 올리고 말복에는 수박 한 개를 올린다"라는 내용이 나온다. 초복에 나오는 개장국의 양이 적어서 불만이지만 그래도 중복에 주는 참외 2개 보다는 낫다고 한다. 개장국은 혜경궁 홍씨의 환갑잔치 진찬상進饌床 82품品 중에도 포함되는 음식이었다.

지금은 혐오 식품이라고 해서 먹는 사람이 많지 않지만, 조선시대에는 더운 여름이면 즐겨 먹던 음식이다. 개장국 얘기가 나오면 빠질 수 없는 인물이 있다. 조선 후기 실학자 박제가朴齊家는 대식가로도 유명하지만 개장국을 잘 끓이는 것으로 더 이름을 알렸다.

"5일마다 한 마리를 삶으면 하루 이틀쯤이야 생선과 채소를 먹는다 해도 어찌 기운을 잃겠습니까. 1년 3백 66일에 52마리의 개를 삶으면 충분히 고기를 계속 먹을 수가 있습니다. 하늘이 흑산도黑山島를 선생의 탕목읍湯沐邑(임금이 왕자나 공주에게 목욕비를 마련하라고 하사하는 땅)으로 만들어주어 고기를 먹고 부귀를 누리게 했음에도 오히려 고달픔과 괴로움을 스스로 택하다니, 역시 사정에 어두운 것이 아니겠습니까. 들깨 한 말을 부쳐드리니 볶아서 가루로 만드십시오. 채소밭에 파가 있고 방에 식초가 있으면 이제 개를 잡을 차례입니다."

이 편지는 다산 정약용이 흑산도에 유배 중인 형 정약전에게 보낸 편지다. 편지의 앞 부분에 형 정약전이 고기를 전혀 먹지 못하고 있다고 한 것에 대해 흑산도에 돌아다니는 많은 들개라도 잡아서 영양을 보충하라고 한 것이다. 그리고 이어서 개고기 요리법을 자세히 알려주면서 "이것이 바로 초정楚亭 박제가朴齊家의 개고기 요리법이라고 하는 것입니다"라고 밝혔다. 당시 박제가의 개고기 요리법은 최고였던 모양이다.
이 편지에는 개를 잡는 방법부터 요리하는 방법까지 상세하게 기록해 놓았는데, 개를 잡는 방법은 좀 잔인하다는 생각이 들 정도다. 그런데 사실 정약용은 탐식에 대해 늘 경계했다.

"음식이란 생명을 이어 나가기 위한 것이다. 아무리 맛있는 고기나 생선도 입속에 들어가면 바로 더러운 물건이 되어 버린다. 목구멍으로 내려가기도 전에 사람들은 더럽다며 싫어한다. 다만 딱 한 가지 속여도 되는 일이 있다. 그것은 바로 자기 입을 속이는 것이다. 보잘것없는 음식을 먹을 때는 입을 속여야 한다. 목으로 넘기기 전까지 잠시만 속이면 되니 이것은 좋은 방법이다."

정약용은 아들에게 음식으로 사치하는 것을 경계하도록 가르쳤다. 그러면서 입을 속이고 음식을 목으로 넘기는 방법으로 상추쌈을 권했다. 상추로 쌈을 싸서 먹으며 입을 속여야 한다고 했다. "맛있는 음식을 먹겠다고 생각과 정력을 낭비할 필요가 없다. 결국은 뒷간에 갈 일을 만드는 것이기 때문이다"라고 음식 사치를 못하게 했던 다산이 형에게는 1년에 52마리의 개를 먹으라고 권한 이유는 무엇일까? 개고기 맛이 그만큼 좋았던 것일까?

다산이 아들에게 음식 사치를 하지 말라고 한 때는 49세이며 형 정약전에게 개고기를 먹으라고 권한 글은 50세 때 쓴 것이다. 생각을 바꿀 만큼 세월의 차이가 크게 있는 것은 아니다. 다산을 비롯한 조선시대 선비들은 탐식을 경계해왔다. 소박한 음식, 절제된 식습관은 다산이 평생 지켜온 것이지만, 흑산도에 유배 간 나이 많은 형님이 고기도 먹지 못하고 고생하고 있다는 것을 알고는 섬에 돌아다니는 개라도 잡아서 영양을 보충하라고 권한 것이다. 건강을 유지하기 위한 방법으로 개고기를 권한 것일 뿐, 미식이나 탐식을 위한 것은 아니었다.

"너는 사냥도 하지 않았는데 어째서 고기를 배불리 먹는가.

열 집에서 먹을 음식을 어째서 한 사람이 먹어치우나.

한 달 동안 먹을 양식을 어째서 하루에 소비하는가."

식량 사정이 넉넉하지 않았던 시대에 한 사람이 배불리 먹으면 누군가는 굶게 된다. 한 사람이 사치스럽게 먹으면 그 음식을 만들기 위해 다른 사람들이 고생을 하게 된다. 그래서 사회의 리더인 선비들은 미식과 탐식을 경계해왔다. 맛있는 음식을 향한 욕심은 끝이 없다. 그 욕심을 채우기 위해 더 많은 희생을 요구하게 된다.

명나라 말기에 음식에 대한 욕구가 폭발하면서 더 맛있는 음식을 만들기 위한 요리법이 개발되었다. 그러나 여기에서 그치지 않고 잔인한 음식이 등장하기 시작했다. 살아있는 원숭이를 탁자에 붙잡아 놓고 두개골을 잘라 그 골을 퍼먹으며 원숭이가 지르는 비명을 즐겼고, 살아있는 오리를 뜨거운 철판 위에 올려 오리가 소리 지르며 뛰어다니는 모습과 그 비명을 즐기며 오리 발바닥 구이를 먹었다. 인간이 맛있는 음식과 귀한 음식에 점점 더 욕심을 부리다 보면 잔인한 음식까지 즐기게 되는 것이다. 욕심은 끝이 없고 그 욕심을 채우기 위한 방법도 상상을 초월한다.

먹는 것은 생명을 유지하기 위한 첫 번째 조건이다. 먹지 않으면 죽고, 영양을 고루 섭취하지 않으면 병이 든다. 그러나 허기를 채우기 위한 목적으로만 음식을 먹는 것은 아니다. 이왕 먹는 것, 좀 더 맛있는 음식을 먹으면 좋지 않은가. 그러나 그 맛을 정신없이 찾다보면 맛의 노예가 될 수도 있다. 어떤 부자가 임연수 껍질 맛에 빠져 임연수 껍질에 밥 싸먹다가 3년 만에 가산을 탕진했다는 말이 있다. 맛에 탐닉하다보면 재산 탕진은 기본이요 자신의 영혼까지도 털리지 않을까.

"밀가루 한 되와 백설탕 두 근을 달걀 여덟 개로 반죽하여 구리 냄비에 담아 숯불로 색이 노랗도록 익히되 대바늘로 구멍을 뚫어 불기운이 속까지 들어가게 한다. 이렇게 만들어 꺼내서 잘라 먹는데, 이것이 가장 상품上品이다."

밀가루와 설탕, 달걀로 반죽하여 노랗게 익힌 음식은 무엇일까? 이것은 조선 후기의 문인 이덕무가 지은 『청장관전서青莊館全書』의 「청령국지 2蜻蛉國志二」에 나오는 요리법이다. 이 음식의 이름은 '가수저라加須底羅'인데, 한자를 풀어도 뜻을 이해하기 어렵다. 왜냐하면 카스테라의 발음을 따서 한

자로 쓴 것이기 때문이다. 청령국蜻蛉國은 일본을 뜻하는데, 이덕무가 일본의 음식을 몇 가지 소개하면서 카스테라 만드는 법도 자세히 적어 놓았다. 그는 꿀을 한 되씩이나 먹을 만큼 달콤한 음식을 좋아했다고 하니 분명히 자주 만들어 먹었을 것 같다.

이덕무는 선비들의 예절을 적어놓은 책『사소절士小節』에 "무릇 입에 들어가는 것이면 다 음식이라 할 수 있고, 몸에 입는 것이면 다 의복이라 할 수 있다"고 말하면서 맛있는 음식 탐하는 것을 경계했다. 그렇지만 자신은 단 음식에 대해서 그 의지를 지키지 못했던 것일까. 이서구李書九에게 보낸 편지를 보면 단 음식에 집착하는 마음이 잘 보인다.

"내가 단 것에 대해서는 마치 성성猩猩이가 술을 좋아하고 원숭이가 과일을 즐기는 것과 같으므로 내 친구들은 모두 단 것을 보면 나를 생각하고 단 것이 있으면 나를 주곤 하는데 초정楚亭(박제가의 호)만은 그렇지 못하오. 그는 세 차례나 단 것을 먹게 되었는데, 나를 생각지 않고 주지 않을 뿐만 아니라 남이 나에게 먹으라고 준 것까지 수시로 훔쳐먹곤 하오. 친구의 의리에 있어 허물이 있으면 규계하는 법이니, 그대는 초정을 깊이 책망해 주기 바라오."

얼마나 단 것을 좋아했길래 이런 투정을 했을까. 달콤한 것이 생기면 모두 이덕무에게로! 이 법칙을 어긴 절친한 친구 박제가에게 무척이나 서운한 감정이 들었나보다. 이덕무가 그렇게 단 것을 좋아하는 것을 알면서도 박제가는 왜 수시로 훔쳐먹었을까? 박제가도 이덕무 못지않게 단 것을 좋아했을지도 모른다.

지금이야 달콤한 음식이 흔하지만 조선시대에는 단 음식이 귀했다. 꿀은 말할 것도 없고 쌀을 고아 만든 엿이나 조청도 귀해 단 음식을 먹기가 쉽지 않았으니 어쩌면 누구라도 단 것을 좋아했을지도 모르겠다.

가수저라가 일본을 통해 들어온 음식이라면, 중국을 통해 들어온 특별한 음식이 있다.

"하루는 통판과 마주하여 식사하는데 상에 황채黃菜가 있었다. 식초를 쳐서 나물을 만들어 먹으니 매우 부드럽고 매끄럽고 또 담박하여 입맛에 맞는 것이 송이보다 나았다. 이것이 어떤 것이냐고 물으니 '이는 황화채黃花菜입니다. 그대 나라의 산마다 많이 있으니 참 기쁩니다'라고 하였다. 내가 자세히 보니 일찍이 보지 못한 것이었다. 이에 하인에게 보여주니 이는 우리나라 속명으로 광채廣菜(넙나물)라고 하는데 우리나라 사람들은 다만 잎사귀만 먹을 줄 알고 꽃은 먹을 줄 모른다고 하였다."

황채, 광채, 또는 넙나물이라고 불리는 이것은 황화채黃花菜이다. 송이보다 맛있다는 이 나물은 원추리 꽃으로 만든 음식으로 임진왜란 때 이정귀李廷龜가 명나라 학자 왕군영王君榮과의 식사 자리에서 처음 보고 그 요리법과 효능을 자세히 적어 〈임진피병록壬辰避兵錄〉에 소개했다. 조선에서도 원추리를 나물로 먹었지만 잎만 먹을 뿐 꽃을 먹는 것을 몰랐다가 이때 부터 꽃잎으로 만든 나물 요리가 소개되어 먹기 시작했다고 한다. 왕군 영은 조선에서 먹지 않다가 이제 맛있게 먹는 법을 알아 많이 먹게 된다 면 산신이 괘씸하게 생각할 것이라고 우스갯소리를 하며 이 요리를 조 선에 소개시켜주었다.

이 내용은 허균의 『도문대작』에도 소개되고 이후 여러 책에 인용되었다. 꽃술을 제거하고 물에 데쳐서 식초를 뿌려 먹는다고 하는데, 이규경의 『오주연문장전산고五洲衍文長箋散稿』에서는 원추리 꽃뿐만 아니라 아욱잎, 연 꽃, 수박꽃, 당귀잎도 같은 방식으로 요리해 먹는데, 승려들이 즐겨 먹 었다고 한다. 지금은 이 황채 나물을 흔히 볼 수 없다. 그 맛이 궁금하다 면 원추리 꽃이 필 때 한번 해먹어 봐도 좋겠다.

조선 후기의 유명한 미식가로는 추사 김정희金正喜를 꼽는다. 경화거족京 華巨族 출신으로 그야말로 대표적인 금수저였다. 맛있는 음식을 좋아하는 것으로 유명했는데, 윤상도尹尙度의 옥사에 연루되면서 1840년 55세의 나 이로 제주도에 유배가게 되었다.

"서울에서 내려온 장이 소금꽃이 피어 쓰고 짜서 비위에 맞지 않으니 하루하루가 민망합니다. 경향의 장이 어찌되었는지 빠른 인편을 얻어 내려보내야 견디겠습니다. 서울에서 진장陳醬을 살 수 있으면 사서 보내 주십시오. 변변찮은 진장은 보내도 소용없으니 그곳 윤씨에게 진장이

요즘도 있는지 물어보십시오.

민어를 연하고 무름한 것으로 가려서 사 보내주십시오. 내려온 것은 살이 썩어 먹을 수 없습니다. 겨자는 맛난 것이 있을 것이니 넉넉히 보내십시오. 어란도 먹을만한 것을 구하여 보내주십시오."

1841년 6월 22일 제주도에 유배 중인 김정희는 아내 예안 이씨가 보내준 음식을 보고 답장을 했다. 장이 상해 먹을 수가 없고 이왕이면 서울의 진장을 사서 보내라고 부탁한다. 변변찮은 진장은 소용없다는 말을 보니 입맛이 까다롭다는 것을 알겠다. 민어에 겨자에 어란까지 고급 음식을 보내달라고 요청하다니 말이다. 지금의 제주도는 맛있는 음식이 많은 곳이지만, 예전의 제주도는 먹을 것이 풍족한 곳이 아니었다. 일단 쌀농사도 지을 수 없는 곳일 뿐 아니라 입에 맞는 반찬을 만들 식재료를 구하기 쉽지 않았을 것이다. 추사의 편지를 보면 당시 제주도까지 물건을 보내는 데 대개 7개월이 걸리거나 빨리 와야 두어 달이 소요된다고 하니 음식이 상하지 않고 온전하게 추사의 손에 이르기는 어려웠을 것이다. 그럼에도 불구하고 추사는 또 한 달 후인 7월에 아내에게 편지를 쓴다. 보내준 약식과 인절미는 모두 썩어서 먹을 수 없게 되어 아깝다고 하면서 좋은 곶감이 있으면 4, 5접 보내달라고 부탁했다.

여기 저기 좋은 음식을 찾아 추사의 입맛에 맞는 반찬을 만들고 음식을 준비해서 보내준 추사의 아내와 목이 빠지도록 아내가 보내는 음식을 기다리고 있었을 추사의 모습이 그려진다. 아내의 사랑 가득한 음식으로 가장 힘들고 험한 유배지인 제주도에서 잘 버텨내려 했을 텐데, 1842년 11월 아내는 세상을 떠나고 그 다음 달에 되어서야 제주도에 부고가 전해졌다. 추사는 살아서도 떨어져 있었고 죽어서도 떨어져 있음을 비참히 여긴다며 애통해 했다. 추사는 1848년에 제주도 유배에서 풀려났지만 1851년에 다시 유배를 떠나 1852년 67세에 풀려났다. 57세에 사랑하는 아내를 잃고 71세에 세상을 떠날 때까지 혼자 살았던 추사는 1856년 세상을 떠나는 해에 글귀 하나를 남겼다.

> "가장 좋은 음식은 두부, 오이, 생강, 나물이요 　　大烹 豆腐瓜薑菜
> 가장 좋은 모임은 부부와 아들 딸, 손자라네 　　高會夫妻兒女孫"

험한 땅 제주도에서도 온갖 맛있는 음식을 찾았던 추사는 생을 마감하던 해에 가장 좋은 음식이 두부와 오이와 생강과 나물이라고 했다. 조선 최고의 미식가 추사가 마지막에 손꼽은 가장 맛있는 음식은 어디에서나 쉽게 구해서 먹을 수 있는 소박한 음식이었다. 아마도 이 소박한 음식이 최고 좋은 음식이 되는 데에는 가족이 함께 있어서가 아닐까. 추사는 이 대련의 글귀에 다음과 같은 설명을 달아놓았다.

"이것은 촌 늙은이의 제일가는 즐거움이다. 비록 허리춤에 큰 황금 도장을 차고, 먹을 것이 사방 한 길이나 차려지고 시첩侍妾이 수백 명 있다 하더라도 이런 맛을 누릴 수 있는 사람이 몇이나 될까."

탐닉
둘

산에서
노닐다

한국 사람의 취미로 가장 많이 꼽히는 것이 등산登山이다.
등산은 산을 오른다는 뜻인데, 조선시대 선비들은 등산이라는 말보다
유산遊山이라는 표현을 썼다. 산에서 노닐다는 뜻이다.
산에 올라 정상을 정복하는 것이 아니라 산에 가서 노는 것에 뜻을 두었다고
보면 되겠다. 도포 자락 휘날리며 선비들이 산에 오른 이유는 무엇일까?
좋은 경치를 구경하기 위해, 혹은 높은 곳에서 호연지기浩然之氣를 기르기 위해,
아니면 좋은 사람들과 함께 산에 가서 즐기고 싶었는지 궁금하다.

"내가 젊은 시절 나라 안의 명산을 많이 유람하였으나 유독 관동^{關東}에는 가 보지 못하였다. 게다가 벼슬이 갑작스레 높아지고 나이 들어 점차 노쇠해지면서 몸을 자유로이 움직일 수 없게 되었으니 오랜 숙원을 이루기가 더욱 어려워져 평소에 늘 서글퍼하였다."

이 글은 이정귀^{李廷龜}의 금강산 유람기인 〈유금강산기^{遊金剛山記}〉의 첫 부분이다. 여기에서 관동^{關東}은 금강산이 있는 관동지방이다. 나라 안의 이름난 산을 많이 유람한 이정귀^{李廷龜}는 금강산을 가지 못해 늘 서글퍼하였다고 한다. 벼슬을 버리고라도 금강산에 가려고 했지만, 중요한 임무를 맡아 수행하는 벼슬아치로서 마음대로 해임이 되지도 않아 금강산에 가지 못할까봐 노심초사했다. 그러던 중 1603년 함흥부의 화릉和陵을 보수하는 일에 참여하여 금강산에 갈 수 있었다. 화릉을 보수하는 일에 당시 예조판서인 이정귀가 갈 필요는 없었지만 꼭 가겠다고 요청을 하자 조정에서도 말리지 못했다고 한다. 화릉을 보수하는 일에라도 참여하여 돌아오는 길에 금강산에 가겠다는 의지를 보인 것이다.

금강산을 유람하려면 가는 데 일주일이 걸리고 돌아오는 데 일주일이 걸리기 때문에 오고가는 시간만 꼬박 2주일이 걸린다. 금강산을 유람하는 데에도 최소 2주일을 소요하기 때문에 적어도 한 달 이상의 시간이 필요하다. 관직에 있는 사람으로서 한 달 이상 시간을 내서 금강산을 유람하는 것이 결코 쉬운 일이 아니다. 지금도 직장에서 한 달 이상 휴가를 내고 여행가는 것이 어려운데, 당시 중요한 임무를 맡아 나랏일을 처리해야 하는 이정귀에게 금강산 유람을 위한 한 달의 휴가는 불가능한 것이었다. 결국 금강산이 가까운 곳에 있는 함흥부의 일을 자청하여 금강산을 보겠다는 절실한 마음이 나타난 것이다.

이정귀는 1603년 8월 한 달 동안 금강산을 유람했다. 함흥부에서 일을 마치고 돌아오는 길에 흡곡 현령으로 부임하던 한석봉과 통천 군수로 있던 최립崔岦과 함께 금강산으로 떠났다. 최고의 서예가 한석봉, 최고의 문장가로 꼽히는 최립이 동반한 환상적인 금강산 유람단이었다. 금강산에 가려면 하인들을 많이 대동하는데, 이정귀는 "나는 하인은 대동하지 않고 단지 적공笛工 함무금咸武金만 데리고 떠났다"라고 하며 금강산 여행에 있어 편리함보다는 흥취를 중요하게 여겼다. 적공 외에도 그림을 그려 줄 화공畫工 표응현表應賢도 동반했다.

"술기운이 무르익자 내가 함무금을 시켜 몰래 향로봉香爐峯 가장 높은 정상, 소나무가 우거진 곳에 올라 가늘게 젓대를 불게 하였더니, 그 소리가 아득하여 마치 구천九天에서 들려오는 듯하였다. 좌중의 사람 들이 모두 놀란 눈을 뜨고 귀를 기울이며 듣다가 '상공께서도 들으 셨습니까?' 하였다. 내가 거짓으로 듣지 못한 척하였더니 좌우 사람들 이 침묵하다 '기이하구나, 천악天樂이로다. 이 산에는 신선이 있다고 사람들이 말하더니 참으로 거짓이 아니구나' 하였다. 젓대 소리가 더욱 맑게 울려 구름과 안개 속으로 흩어져 들어가고 때로는 바람을 따 라 끊어졌다 이어지곤 하였다. 나는 비록 누가 부는 것인지 알고 있었 지만 그래도 신선이 아닐까 하는 생각이 들 정도였다. 제군諸君들이 오 랜 뒤에야 사실을 알아차리고 한바탕 손뼉을 치고 웃었으니, 이 또한 하나의 특기할 일이었다."

일행 몰래 악공 함무금을 먼저 올려 보내고는 젓대를 불게 하니, 그 내 막을 모르던 일행은 금강산 멋진 곳에서 천상의 음악 소리가 들리니 정 말 신선이 된 기분이 들었을 것이다. 끝까지 비밀로 했다면 두고두고 금 강산에 올라가 천상의 소리를 들었다며 신기한 이야기로 전해 내려왔을 지도 모르겠다. 예조 판서가 금강산에 올라가 이런 재미있는 일을 꾸밀 정도로 신이 났던 모양이다. 금강산의 아름다운 풍경을 묘사한 것은 물론이고 이런 재미있는 일화도 소개되어 있는 이정귀의 금강산 유람기는 이후 금강산을 유람하고 싶어 하지만 가지 못하는 사람들에게도 대신 금강산을 즐길 수 있는 좋은 기록이 되었다.

"노승이 말하기를, '이 산은 바다와 인접하여 운무雲霧와 습한 바람이 많은 탓에 흐릿한 기운이 늘 가득 서려 좀처럼 걷히지 않습니다. 그래서 유람객이 혹 10여 일을 머물러도 산의 일면一面도 보지 못한 채 돌아가기도 합니다. 지금은 가랑비가 막 개어 산빛이 잘 닦아놓은 거울처럼 맑아 일만 이천 봉이 한 점 티끌도 없이 기이하고 아름다운 자태를 뽐내어 그 빼어난 색채가 먹음직할 정도이며, 단풍잎이 붉게 물들어 그 농도가 엷지도 않고 짙지도 않은 것이 마치 새로 물감을 먹인 듯하니, 이는 모두 수십 년 이래 처음 보는 것입니다. 상공께서는 참으로 청복淸福이 있으십니다' 라고 했다."

지리산 새해 일출을 한 번에 보는 것은 3대의 복이 쌓여야 가능한 일이라는 말이 떠오른다. 너무도 기대하던 금강산 유람을 가서 금강산에 사는 승려도 수십 년 만에 처음 보는 대단한 광경을 보았으니 이정귀의 복이 대단한 모양이다. 음력 8월이면 양력으로 9월이니 금강산의 가을 단풍이 가장 아름다울 때였을 것이고, 금강산 일만 이천 봉의 아름다움이 맑은 가을 하늘과 어우러져 그 색채가 먹음직할 정도로 고왔다니 가

정선 〈금강전도〉
©문화재청

장 아름다운 금강산을 본 기쁨을 느낄 수 있다. 업무로 함흥부에 갔다
가 돌아오는 길에 들린 금강산이지만, 마치 절정의 시기를 딱 맞춘 것
처럼 그렇게 운이 좋았던 것이다. 금강산을 갈 수 있는 것만으로도 평
생의 소원인데, 그렇게 멋진 모습을 보다니 몇백 년 후의 사람으로서도
부러울 뿐이다.

조선시대 선비들의 버킷리스트에는 대부분 금강산 유람이 들어가 있다. 1606년에 조선에 사신으로 왔던 중국의 주지번朱之蕃은 '원컨대 고려국에 태어나서 금강산을 한 번 보고 싶네'라고 할 정도로 중국 사신들도 조선에 오게 되면 금강산에 가보는 것이 소원이라고 했다. 조선에서 부러운 것 하나를 꼽으라면 금강산이 있다는 것이라고 할 정도로 대단한 산이다. 우리나라뿐만 아니라 큰 국토와 유명한 산을 많이 가지고 있는 중국에서도 부러워하는 금강산이니 조선의 선비들이 가고 싶어했던 것은 당연하다.

김창협金昌協은 "항상 뛰어난 경치를 동경하기만 했을 뿐 금강산을 하늘 위에 있는 별세계로 생각해 유람할 엄두를 내지 못하였다"고 할 정도로 선비들에게 금강산 유람은 평생의 소원이었다. 김창협은 21살이 되어 금강산에 가긴 했지만, 대부분의 사람들은 비싼 경비와 긴 일정 때문에 쉽게 도전할 수 없는 소원이기도 했다.

1756년 가을에 유언호俞彦鎬와 신광온申光蘊이 박지원에게 금강산에 함께 가자고 했지만, 여비가 없어서 따라나서지 못했다. 그때 김이중金履中이 박지원의 집에 들렀다가 이 말을 듣고는 나귀 살 돈 100냥을 보냈다. 그러나 데리고 갈 하인이 없었다. 이때 어린 여종을 시켜 골목에 나가 "우리집 작은 서방님 이불짐과 책상자를 지고 금강산에 따라갈 사람 없나요?"라고 소리치게 하니 몇 명이 나섰다고 한다. 이렇게 해서 박지원은 금강산 유람을 할 수 있었다. 서울의 명문대가 박지원의 집안에서도 금강산 유람 한 번 하기가 쉽지 않았던 것이다.

산과 물은 학자들에게 인격을 수양하는 곳이어서 산을 찾는 목적이 심신 수양이었다가 점점 산 그 자체를 즐기는 것으로 변화했다. 평생 소원으로 꼽는 금강산에 가서 오로지 경치만 감상하는 것이 아니라 좋은 사람과 동반하며 음악도 즐기고 그림과 글로 기록을 남겨 그 흥취를 두고두고 기억하는 것이기도 했다.

그러나 금강산 유람은 대부분의 사람들에게 이루기 어려운 소원이었다. 많은 돈을 써야 하고, 긴 시간을 내야 하며, 체력적으로도 가능해야 한 것이니 다른 사람이 갔다 와서 써준 금강산 기록이나 그림을 보며 대리 만족을 하는 수밖에 없었다. 그러다가 18세기가 되면서 금강산 여행 열풍이 불었다.

"금강산은 명성이 드높아 수레와 말을 탄 자들이 몰려들어 먼지와 오물이 날마다 쌓여만 갔다. 정유년 가을 8월, 하늘이 큰비를 내려 금강산을 한 번 씻어내자 본래의 자태가 드러났다. 글 잘하고 기이함을 좋아하는 선비 신문초申文初가 그 소식을 듣고 길을 떠난다. 이를 사람에 비유하자면, 이전에 본 금강산은 병든 모습에 땟국 절은 낯짝이요, 이제 볼 금강산은 세수하고 몸단장하여 의젓하게 손님을 맞는 때다. 신문초가 바로 이때에 유람하니 다행이로다!

신문초가 동해로 떠나는 때는 바로 나라 안의 자격 갖춘 선비들이 과거보는 그날이다. 이는 또 선인仙人과 범인凡人이 다른 길을 가는 갈림길이다."

이 글은 조선 후기 문인 이용휴李用休가 금강산으로 떠나는 신광하申光河를 보내면서 쓴 글로, 제목이 〈송신문초유금강산서送申文初遊金剛山序〉다. 문초文 初는 신광하의 자字로, 조선 후기 4대 문장으로 꼽히는 문장가 신광하를 말한다. 1778년 과거시험이 치러지는 날, 하필 금강산 유람하기에 딱 좋은 날이라며 신광하는 과거시험장으로 가지 않고 금강산으로 떠났다. 과거시험을 포기할 만큼의 가치가 금강산에 있었던 것일까.

글에서 보듯이 이미 금강산 유람 열풍이 불어 많은 사람들이 금강산을 찾아가니 금강산에 쓰레기가 가득했고 제대로 된 금강산을 보기가 쉽지 않았다. 하지만 마침 큰비가 내려 먼지를 씻어내 세수하고 몸단장한 금강산의 진면목을 볼 수 있게 되었으니 과거장으로 가는 발길을 금강산으로 돌릴 수밖에.

이 짧은 글은 얼핏 과거시험보다 금강산을 더 중요하게 여긴 선비의 일면을 나타냈다고 볼 수도 있지만, 당시 일그러진 과거제도를 수용할 수 없어 과거시험을 거부하는 마음을 금강산으로 달려가는 모습으로 대신한 것이라고 볼 수도 있다. 과거 합격이 개인의 성취는 물론이고 가문을 일으키고 유지하는 데 중요한 것이지만, 그것을 포기할만한 것이라면 금강산 정도는 되어야 하는 것인지도 모른다.

신광하는 조선 일대를 여행하며 『남유록南遊錄』·『사군록四郡錄』·『동유록東遊錄』·『북유록北遊錄』·『백두록白頭錄』·『풍악록楓岳錄』·『서유록西遊錄』 등을 남겼다. 진정한 조선시대의 '바람의 아들'이라고 할 수 있지 않을까.

금강산을 비롯해 전국의 명산을 가려면 여러 준비가 필요하다. 우선 길을 찾아가기 위한 지도와 노정표가 있어야 하고 좋은 유산기가 있어야 한다. 산에 갔다는 것이 중요한 것이 아니라 어떻게 산을 즐기고 왔는지, 그 산에서 무엇을 취하고 왔는지를 비교하며 올라야 하기 때문이다. 그리고 먹을 양식과 사용할 경비, 말이나 수레, 가마와 같은 교통수단도 필수다.

예를 들어 금강산 가는 데 한 달이 걸린다고 한 달 분량의 식량을 가져가는 것은 아니다. 출발할 때 며칠 먹을 식량이 있으면 되고, 그 후로는 지인의 집이나 역驛과 원院, 관아, 절 등에서 해결했다. 특히 산에 들어가면 절에서 숙박과 식사를 대접해야 했고, 승려들이 가이드와 포터 역할까지 해야 해서 금강산 유람이 유행할 때는 금강산 승려들의 고통이 이만저만이 아니었다고 한다. 또 시중드는 종과 연주하는 악공, 그림 그리는 화공 등이 동원되었다.

조선시대의 선비들은 여러 방법으로 산을 즐겼다. 직접 산에 오르지는 않더라도 바라보면서 즐기는 관산觀山, 어진 사람은 산을 좋아한다니 산을 좋아하는 요산樂山, 산에 직접 가서 즐기는 유산遊山의 방법이 있다. 그중에서 산에 직접 가서 즐긴 것을 기록한 것을 유산기遊山記 또는 유산록遊山錄이라고 한다. 조선시대 유산기는 대략 1,500여 편 정도가 있다. 바라보는 산보다, 그저 마음으로 좋아하는 산보다, 직접 가서 즐기는 것이 가장 좋은 산 즐기기 방법일 것이다.

"금강산에서 돌아온 뒤로 나의 심정이 쓸쓸하여 즐겁지 않으니, 참으로 당^唐나라 사람이 이른 바 '고개 돌려 현산을 바라보니, 마치 고향을 이별한 사람 같구나 [峴山回首望, 如別故鄉人]' 라는 격이었다. 한 해 동안 예부^{禮部}에서 문묵^{文墨}의 일을 하노라니 더욱 마음이 답답하기에, 연이어 세 차례 상소하여 해직^{解職}을 청하였다.

(중략)

그가 보낸 서찰에 '산중에 늦가을 서리가 내려 단풍잎이 한창 곱습니다. 며칠만 더 지나면 시들 것이니, 구경 오실 의향이 있으면 이때를 놓치지 마십시오' 하였다. 내가 바야흐로 멀리 봉래^{蓬萊}를 생각하며 신선처럼 표연^{飄然}히 유람하고 싶던 터라, 이 서찰을 받자 마음을 주체할 수 없어 즉시 신발을 손질하여 신고 서둘러 출발하기로 하였다."

금강산에 갔다 온 후 그리움을 다스리지 못하던 중에 마침 삼각산 단풍이 좋아 때를 놓칠 수 없다는 편지를 받고 바로 출발하기로 마음먹은 사람은 누구일까? 언제라도 산으로 떠날 수 있는 한가한 사람일 수도 있지만, 삼각산이 서울에 있으니 마음먹으면 갈 수 있는 서울 사람일 수도 있다. 삼각산은 지금의 북한산이다. 이 글의 주인공은 1603년 8월 한 달 동안 금강산을 유람하고 온 이정귀다.

이정귀는 1603년 9월 15일에 삼각산에 올랐다. 금강산 최고의 가을을 즐기고 와서 보름 만에 삼각산 최고의 단풍을 보러 또 길을 나섰다. 이때 이정귀에게 편지를 보낸 사람은 삼각산에 있는 중흥사^{重興寺}의 노승 성민^{性敏}이다. 노승 성민은 이정귀의 벗으로 삼각산을 유람하기로 서로 약속했는데 오래도록 지키지 못하고 있었다고 한다.

이정귀는 노승의 편지를 받고는 친구 신응구申應榘에게 "산승山僧이 단풍과 국화를 구경하자고 나를 초청하여 나는 이제 가니, 그대도 생각이 있으시거든 홍제교弘濟橋에서 서로 만납시다. 그리고 산중에 젓대가 없어서는 안 되니, 그대 집안의 적노笛奴를 데리고 오면 좋겠소"라고 편지를 보내고는 출발했다.

여기서 적노笛奴는 젓대 잘 부는 하인 억량億良을 말하는데, 젓대를 잘 불어 장안 최고의 솜씨를 가졌다고 소문이 났다고 한다. 그런데 마침 억량이 다른 잔치에 불려가 올 수 없다고 해서 아쉬워하며 삼각산으로 떠났다. 하인에게 술을 챙겨들게 하고 말을 타고 산 입구에 이르니 어느덧 해가 지기 시작해 서둘러 산에 올랐다.

"이때 어디선가 젓대 소리가 멀리서 가까이 들리더니 이윽고 한 사람이 와서 절하기에 보니 억량이었다. 어떻게 그 자리를 빠져나왔느냐고 물으니 '종자의 전갈을 듣고 감히 늦을 수 없어 배가 아프다는 핑계를 대고 샛길로 왔습니다' 하였다. 나와 제군들이 몹시 기뻐 손뼉을 치고는 즉시 한 곡조 불게 하고, 큰 잔에 술을 가득 부어 상으로 주었다. 조금 지나니 달이 앞 봉우리에 떠오르고 가을 하늘은 공활空豁하여 구름 한 점 없었다. 산은 텅 비고 골짜기는 고요하여 밤이 깊어 아무 소리 없이 아주 고요한 때에 맑게 울려 퍼지는 젓대 소리는 마치 신선이 사는 산에서 들려오는 듯했다. 밤이 이슥하여 승방僧房에 함

께 묵으며 등잔불을 밝히고 얘기를 나누노라니 함께 절에서 글을 읽
던 소년 시절로 돌아간 듯하였다."

가을 단풍이 한창일 때 삼각산에 올라가 즐기는 것은 여러 가지가 있다.
좋아하는 사람들과 함께 가는 것도 있고, 밤이 되어 높이 떠오른 보름달
을 즐기는 것도 있으며, 술 한 잔 마시며 흥을 돋우는 것도 있다. 그리
고 산에서 젓대 소리 듣는 것도 빼놓을 수가 없었나보다. 산 속에서 밤
늦도록 이야기하며 소년 시절로 돌아간 듯하다니 얼마나 즐겁고 행복한
기억이었을까.

조선시대에 삼각산은 국내의 산 중에 으뜸 되는 산 12개 중에서 첫 번
째로 꼽는다. 두 번째가 백두산, 일곱 번째가 금강산이다. 삼각산三角山을
우선으로 한 것은 서울을 높인 것 때문이라고 한다. 삼각산 유람에 대
한 기록은 이정귀의 〈유삼각산기遊三角山記〉가 제일 유명하고 이익李瀷의
〈유삼각산기遊三角山記〉도 있지만 의외로 삼각산에 오른 기록은 많지 않다.
서울에 있으니 금강산 가는 것보다 더 쉬웠을 것 같은데, 삼각산에 많이
오르지 않았던 것인지, 아니면 기록을 남기지 않은 것인지는 모르겠다.
가까이 있는 산이라도 마음먹고 오르는 것은 지금도 쉽지 않은 일이다.
선비들이 산에 올라서 무엇을 하며 즐겼을까? 앞의 글을 보면 술 마시고
때에 따라 장소에 따라 경치 구경하고 젓대 소리를 즐기는 것을 알 수 있
다. 당연히 산을 오르는 즐거움도 있었다. 이정귀가 삼각산에 올라 백운

대까지 오르려 하자 삼각산 승려가 오르기 어렵다고 만류하지만, 이정귀는 이미 백발이라 나중에 갈 수 있을지 기약할 수 없으니 기회가 되었을 때 일단 오르겠다고 하며 산을 올랐다.

선비들의 산 오르는 모습은 어떨까? 조선시대 그림에 나귀를 타거나 가마를 타고 오르는 장면을 볼 수 있다. 가파른 산길에 선비는 가마를 타고 하인이 앞뒤에서 가마를 메고 올라가는 모습을 보면 보는 것만으로도 하인들의 노고를 짐작할 수 있다. 그러나 선비라고 해서 모든 노정을 나귀나 가마를 타고 오르지는 않았다. 길이 험하면 가마나 나귀를 타는 것이 오히려 더 위험하다.

가파른 바위길이 끊어졌다 이어지며 잔교棧橋를 이루면 가마를 버리고 지팡이를 짚고 기슭을 따라 갔고, 지팡이를 짚으며 굴비를 꿴 듯이 일렬로 다니기도 했다. 조선 중기의 문인이며 신동으로도 유명한 이산해李山海가 달밤에 운주사를 방문한 기록인 〈월야방운주사기月夜訪雲住寺記〉에 "나는 승려의 등을 빌렸는데 앞선 자는 이끌고 뒤에 선 자는 밀었으며, 좌우에서 부축하여 일렬로 늘어서서 올라갔다"는 기록이 있다. 나귀나 가마를 타기가 위험해 승려의 등에 업혀 산에 오른 것이다. 더구나 밤중에 산에 오르니 더 위험했을 것이다. 금강산 승려만 선비가 산을 오르는 데 불려가서 고생을 한 것이 아니라 선비가 오르는 산에 있는 승려들은 모두 고생을 한 것 같다.

예전에 벽사碧史 이우성李佑成 선생님을 모시고 중국의 여산廬山에 간 적이 있다. 이태백이 노래한 여산 폭포를 보기 위해 산을 오르는데, 연로하신

선생님은 가마를 타고 제자들은 걸어서 올라갔다. 가마에 오른 선생님께서 무척 겁내시는 바람에 그 옆으로 제자들이 따라가며 안심시켰던 기억이 난다. 그때 해가 져서 날이 어두워지는데, 기어이 여산 폭포를 보겠다며 올라가느라 어둠 속에서의 공포가 더 심했다. 그때 조선 선비가 밤에 산을 오르면 저런 모습이겠구나 싶었다.

산에 오르다 정상에 가까워지거나 험한 곳에 이르면 대개 내려서 걸어갔다. "열 걸음에 아홉 번 넘어지면서", 또 "두 중이 먼저 올라가 바위 구멍으로 나무를 넣어 사닥다리를 만들고 띠를 늘어뜨려 사람들의 몸을 묶어서 끌어올렸다"라는 기록으로 보아 험한 산을 오르는 모습이 지금의 등산과 다르지 않다.

선비들이 산에 오르면 대개 악공의 연주를 들으면서 술을 마시고 함께 간 일행과 함께 노래도 부르고 춤을 춘다. 물론 이때 시도 짓는다. 이런 즐거움을 오래 남기기 위해 화공을 시켜 그림을 그리기도 하고, 기록으로 남겨 두고두고 읽으며 그때를 회상하기도 한다. 이 기록은 산을 오르는 다른 선비들에게도 도움이 되는 좋은 자료가 된다.

"바지를 정강이까지 걷어붙이고, 소매는 팔꿈치 위로 걷어 올리고, 두건과 버선을 벗어서 모래에 내던진 후 둥글넓적한 돌에 엉덩이를 고이고 잔잔한 물 가운데 발을 딛고 걸터앉았다. 작은 나뭇잎이 잠길락 뜰락 하는데 배는 자주빛인데 등은 노랗고, 돌을 싸고 엉킨 이끼는 미역처럼 곱다. 발로 물을 가르니 폭포가 발톱 사이에서 일어나고 입으로 양치질하니 빗줄기가 이에서 쏟아진다. 두 손으로 물을 휘저으니 물빛만 번득이고 내 그림자는 보이지 않는다. 눈꼽을 씻고 얼굴의 술기운도 없애니 마침 가을 구름이 물에 비치며 내 정수리를 어루만진다."

선비가 산에서 할 수 있는 또 하나의 즐거움에 족욕足浴도 있다. 이 글은 조선 후기 실학자 박제가朴齊家가 20세인 1769년 9월에 관서 제일 명승인 묘향산에 처남 이몽직李夢直과 함께 올라 기록한 〈묘향산 소기妙香山小記〉의 일부다. 박제가가 묘향산의 계곡물에서 노니는 모습을 실감나게 묘사해 놓았다.

조선 중기에도 산에 올라가면 맨발로 시냇물에 들어가서 옷깃을 풀어 헤치고 바위에 앉아 있거나 물결에 잔을 띄우고 다투어 술을 마시기도 하며, 그물로 물고기를 잡기도 하였다. 산에 오르는 즐거움 중에는 계곡물에서 즐기는 것도 한몫을 했다.

"납작한 돌을 골라 몸을 옆으로 뉘어 물결을 향해 던졌다. 돌이 물껍질을 벗기며 세 번을 뛰기도 하고 네 번을 뛰기도 한다. 느린 것은 두꺼비처럼 물에 잠기고, 가벼운 것은 제비처럼 물을 찬다. 어쩌다가는 대나무 모양을 만들면서 마디마디 뒤쫓기도 하고, 또는 동전을 쌓으며 쫓기도 한다. 뾰족한 흔적은 뿔 같고 충충의 물결무늬는 탑 같기도 하다."

박제가는 산에 올라서 아이들 장난인 물수제비뜨기도 했다. 물수제비뜨기하는 방법을 생생하게 묘사하여 마치 눈앞에 스무 살 청년 박제가의 장난스러운 모습이 보이는 것 같다. 묘향산에 올라 즐겼던 이 기록은 유산기 중에서도 뛰어난 작품으로 꼽힌다. 박제가는 이전의 유산기와는 다르게 묘향산에서의 유산을 기록했다. 선비들이 산에 올라 기생을 데려다 놀며 풍악을 즐기는 것을 '꽃 아래서 향을 사르고 차 마시는데 과일을 두는 격'이라고 비판했다.

이전에 산에 오르는 선비들 대부분이 산에 올라 풍류를 즐기는 것에 집중했다면 박제가는 새롭게 산을 즐기는 방법을 보여준 것이다. 선비들이 처음 산에 오를 때는 산을 통해 이치를 배우고 심신을 수련하는 것이 목적이었다. 그러다 산에서 술 마시고 노래하며 춤추는 풍류를 즐기고, 이후에는 산이 주는 자연 그 자체를 충분히 즐기기 시작했다.

박제가는 "유람이란 흥취를 위주로 하는 것이니, 노는 데 있어 날을 헤아리지 않고, 아름다운 경치를 만나면 머물며, 나를 알아주는 벗과 마음에 맞는 곳을 찾을 뿐이다"라고 말했다. 그러면서 다른 선비들이 기생과 풍악을 즐기는 곳에서 벗어나 혼자 계곡물에서 신나게 놀았다. 그때 시중드는 사람이 와서 산속에서 풍악을 들으니 어떠냐고 묻는다. 그러자 박제가는 이렇게 대답했다. "내 귀는 다만 물소리와 스님이 낙엽 밟는 소리만 들었을 뿐이오."

치유하고 위로받으러 산에 오른다

선비들에게 산은 어떤 곳인가? 산에 올라가서 호연지기를 기르기도 하고, 심신을 다스리기도 하며, 이치를 깨닫기도 한다. 경치를 감상하며 그 안에서 음악을 즐기고 문학을 하기도 한다. 자연과 일체가 되어 기꺼이 즐기는 곳, 그리고 상처받은 영혼을 치유하고 공허한 마음을 채워주는 곳이기도 하다.

오세五歲 신동으로 유명한 김시습金時習은 경주 남산인 금오산에서 매화에 탐닉하며 자신을 치유했고, 조선 후기의 실학자 박세당朴世堂은 당쟁을 혐오하여 관직에서 물러나 수락산에 머물면서 직접 농사 짓고 연구하며 후학을 양성했다. 수락산은 김시습이 전국을 떠돌 때 10년간 머물던 산이라 박세당이 수락산에서 살았던 김시습을 추모하기 위해 충렬사를 짓기도 했다. 수락산이라는 공간이 시간을 초월해 김시습과 박세당을 이어주며 후세의 문인 박세당을 치유해주기도 했다.

"밤에 침류당枕流堂에 묵었다. 물결 소리는 침상을 흔들고 산 위에 뜬 달빛은 문에 비쳐들어 삼경에 잠에서 깨니 마치 꿈속에 삼협三峽을 지나가는 것 같았다. 백사白沙(이항복)가 나를 발로 차 깨우면서 말하기를, '이러한 좋은 경치를 만날 수 있겠는가' 하기에 술을 가득 부어 몇 잔을 마신 다음 명한明漢에게 춤을 추게 하고 앞뜰을 거닐면서 소식蘇軾의 〈적벽부赤壁賦〉를 낭랑하게 읊조리니, 표연飄然히 바람을 타고 하늘로 올라 신선이 되는 기분이 들었다. 생각해 보니 내가 옛날에 이곳에서 삼 년을 보냈으나 이날 밤처럼 맑은 경치를 만난 적이 없었다. 이에 옛날에는 아예 이곳에서 노닌 것이 아니었고 이제야 비로소 이곳에서 제대로 노닌다는 것을 알았다."

백사白沙 이항복李恒福은 오성과 한음의 오성으로 유명한 문인이다. 이항복이 1615년 가을에 견책을 받고 노원촌蘆原村에 지내고 있을 때, 이정귀도 조정에서 축출되었다. 그때 이정귀는 맏아들 이명한李明漢을 데리고 이항복을 찾아갔는데 마침 이항복이 도봉산을 구경하고 싶었다고 하자 그 자리에서 함께 산에 올랐다. 그날 밤 침류당枕流堂에서 자다 일어나 아들 이명한을 시켜 춤을 추게 하고 소동파의 〈적벽부〉를 읊조리게 하니 신선이 되는 기분이었다고 고백한다. 이정귀는 젊은 시절에 공부하느라 삼 년을 지냈지만 "옛날에는 아예 이곳에서 노닌 것이 아니었고 이제야 비로소 이곳에서 제대로 노닌다는 것을 알았다"라고 말한다. 이항복과의 그 시간을 얼마나 소중히 여기는지를 알 수 있다.

이 글은 이정귀의 〈유도봉서원기遊道峯書院記〉의 마지막 부분이다. 이정귀는 젊은 시절 도봉산에서 공부했다. 1582년 가을에 글을 읽다가 도봉산을 유람하고는 30여 년 동안 도봉산에서 노니는 꿈을 자주 꾸었을 만큼 그리워하던 곳이었다. 이정귀는 이항복과 함께 임진왜란 시기에 중국에 사신으로 가서 나라를 구할 방법을 찾았고, 계축옥사 때는 이정귀가 체포되고 이항복은 파면되었다. 무오사화에는 이항복이 북쪽으로 유배되고 이정귀는 교외郊外로 쫓겨났다. 힘들 때도 한가로울 때도 함께한 시간이 누구보다 길었다는 두 사람은 도봉산에 올라 힘든 시간을 치유받은 것이다.

이 글에는 담담하게 묘사된 부분이 이정귀가 지은 이항복의 묘지명墓誌銘에는 "공이 홀연히 서글픈 기색으로 말하지 않고 하늘을 우러러 길게 한숨을 내쉬고는 명한을 시켜 〈출사표出師表〉를 외고 또 〈적벽부赤壁賦〉를 외게 하니"라고 기록되어 있다. 당시 두 사람의 감정이 좀더 자세하게 표현되었다. 또 〈유도봉서원기〉에는 〈적벽부〉만 읊었다고 하는데, 묘지명을 보면 제갈량의 〈출사표〉도 읊었다는 것을 알 수 있다. 덧없는 인생에서 벗어나 자연과의 합일을 노래한 〈적벽부〉, 애국심과 충성심을 담은 〈출사표〉. 조정에서 쫓겨나 있던 두 사람의 마음을 대신한 작품이었을까.

두 사람이 도봉산에서 하룻밤을 보낸 후 3년이 지난 1618년에 이항복은 유배지 함경남도 북청에서 세상을 떠났다. 그때까지도 이정귀는 쫓겨난 상태로 이항복의 묘표墓表와 제문祭文을 짓고, 12년 뒤 1629년에 묘지명을 썼다. 당시 당쟁의 소용돌이 안에서 죄인이 되어 고단하게 살고 있을 때 두 사람에게 도봉산은 신선이 되어 올라가는 기분을 느끼게 해준 소중한 치유의 공간이 된 셈이다.

선조, 광해군, 인조 시기를 살았던 이정귀는 당색이 서인西人이었고, 이항복은 관직에 있는 40년 동안 누구 하나 당색에 물들지 않은 사람이 없을 때에도 혼자 초연히 중립을 지켜 아무도 당색을 찾아볼 수 없었다고 한다. 이와 반대편에 있던 대북大北파의 이산해李山海도 권세의 부침에 따라 삶이 순탄하지 않았다.

"이윽고 푸른 구름 한 가닥이 산 밖에서 일어나 하늘 가운데를 가리더니 동남쪽에서 바람이 불어와 소나무와 노송나무가 서로 부딪치는 소리를 내고 달이 구름에 가려지면서 밝았다 어두웠다 하니 골짜기는 은은하고 숲은 음산했다. 이상한 새 날면서 울자 메아리 답을 하여 사람으로 하여금 초연하고 슬프게 하고 숙연하고 두렵게 하며 오싹하고 놀라게 했다. 신선이 학을 타고 피리 불며 먼 하늘에서 다가오는 듯한 소리가 귓가에 아스라이 들리는 듯하여 귀를 기울이고 가만히 기다려 보았지만 끝내 만나지는 못하였다."

이 글은 이산해가 달밤에 운주사雲住寺를 방문한 기록인 〈월야방운주사기月夜訪雲住寺記〉의 일부다. 운주사는 도고산道古山에 있는 절로, 이산해가 파직되고 머물던 시전촌柿田村 근처에 있다. 도고산 근처에서 지내면서 그 고을 수령에게 왜 자신을 위해 도고산 안내를 해주지 않느냐며 유람을 부탁해 함께 산에 올랐다. 한밤중 숲에 부는 바람 소리와 새 울음의 메아리를 듣고, 달빛이 구름에 가리워져 밝아졌다 어두웠다하는 것을 보면서 느끼는 감정이 세밀하게 묘사되어 있다.

1600년에 대북파의 영수로 영의정이었던 이산해는 정국의 주도권을 잡았지만 대북파가 다시 골북骨北과 육북肉北 등으로 나뉠 때 반대 세력에 의해 영의정에서 파직되었다. 62세의 나이에 모든 관직에서 물러나 충청남도 신창新昌에 있는 시전촌柿田村으로 내려가 지내면서 도고산에 올라가 스스로를 위로하며 힘든 시절을 힘들어하지 않으려고 애썼던 것 같다.

70세에 선조의 승하를 맞고 71세에 손자가 요절하자 지나치게 상심하여 세상을 떠났다. 선조대 문장 8대가로 손꼽히는 이산해는 어릴 때부터 뛰어난 문장으로 유명했다. 자부심이 강했던 이산해는 문장이 뛰어난 손자가 자신을 계승할 것이라고 믿었다가 그에 대한 상심이 너무도 커 의원도 약도 거부하다 세상을 떠났다고 한다.

이정귀, 이항복, 이산해 모두 당대에 뛰어난 문장으로 이름을 날린 문인이다. 그러나 이정귀는 서인, 이산해는 대북으로 다른 당파의 사람이었고, 이항복은 중도였지만 결국 같은 시대를 살면서 각각 죄인이 되어 살아야 했다. 그때 그들을 위로해 준 것은 산이었다.

조선에만 산이 있나

조선 선비들에게 글에서 읽는 중국의 산을 오르는 것 또한 커다란 꿈이 었지만, 그 당시 조선을 벗어나 동경하던 중국의 산에 오르는 것은 상상 조차 하기 힘든 일이다. 지금처럼 여권만 있으면 언제라도 국내를 벗어 날 수 있는 상황이 아니었기 때문이다. 그럼에도 불구하고 운이 좋아 중 국의 산을 오른 사람들이 있다.

우선 중국에 가려면 공식 업무로 가야 한다. 대개 사신으로 가는 연행 사燕行使의 자격을 갖춰야 한다. 조선이 명나라와 외교관계를 이어가면서 많은 연행사들이 중국에 다녀왔다. 그러나 처음으로 중국의 유명한 산 을 오른 사람은 이정귀였다. 이정귀는 임진왜란 당시 뛰어난 문장력으로 외교의 일선에 있었다. 게다가 중국어까지 능통했다고 한다. 산에 오르기를 좋아하는 성격이라 연행사로 중국에 갔다가 돌아오는 길에 중국의 유명한 산을 오르고 그것을 기록으로 남겼다.

"좁은 이 땅에 답답하게 사는 사람들은 대부분 중국에 사신으로 가는 것을 장쾌한 유람으로 여긴다. 나는 무술년(1598, 선조31) 겨울에 주문奏文을 받들고 북경北京으로 갔는데, 당시 내 나이 아직 젊어서 지나가는 곳마다 반드시 마음껏 경치를 찾아다니며 구경하였다.

(중략)

고적들이 모두 장관이었다. 그러나 경치가 빼어난 산수山水로 말하자면 기록한 자가 없었다. 듣건대, 천산千山은 요양遼陽 서쪽에 있고 의무려산醫巫閭山은 광녕廣寧 북쪽에 있고 각산사角山寺는 산해관山海關 성 굽이의 가장 꼭대기에 있으며 모두 기절奇絶하기로 이름난 곳이다. 그러나 거리가 60리 혹은 30리, 20리나 되며 길이 우회하고 험준하여 공무의 일정상 마음대로 가볼 수 없고 그저 멀리서 바라보며 상상의 나래나 펼칠 뿐이었다."

이정귀는 1598년에 처음 중국에 사신으로 가면서 가고 싶은 산을 미리 점찍어 두었다. 바로 천산, 각산, 의무려산이다. 그리고는 1604년에 다시 중국에 가면서 요양에서 수재秀才 한 사람을 만나 천산千山으로 가는 길을 묻고는 역관譯官들은 제쳐 두고 그 수재와 함께 노새를 빌려 유람을

조선 금수저의
슬기로운 일상탐닉

했다. 이때 이정귀는 정사正使였고, 부사副使 민백춘閔伯春, 서장관書狀官 이숙평李叔平이 함께 천산에 올랐다.

이정귀는 천산에서 특별한 체험을 했다. 덩굴이 우거진 깊은 곳에 있는 암자에 가서 노승을 만났다. 노승은 산에 들어온 지 10여 년 동안 한 번도 세상 사람을 보지 못했다면서 이정귀에게 말을 걸기도 했다. 노승은 익힌 음식을 먹지 않고 말을 하지 않은 채 7,8년 동안 수양하다가 외국인 이정귀를 보고는 단 아래에까지 내려와 말을 하고 배웅을 했으니 신선의 인연이 있었던 것이 아닐까 했다. 천산의 모습을 자세히 묘사한 것도 뛰어나지만 산에서 겪은 특별한 체험은 그 산을 기억하는 또 다른 중요한 요소일 것이다.

천산은 이정귀가 유람하고 〈유천산기遊千山記〉를 써서 널리 알려져, 이후에 연행사들이 줄곧 관심을 가졌지만 실제 천산을 유람한 사람은 김창업이 유일하다. 천산이 연행로에서 상당히 떨어져 있기 때문에 적어도 사나흘의 여정으로 유람해야 했으며, 이밖에도 숱한 난관이 있었기 때문이다. 이정귀는 "돌아오는 길에 단풍과 국화가 한창일 때 다시 찾아오겠다고 약속하였다"고 할 정도로 천산 유람이 만족스러웠음을 나타냈다.

"가파른 돌길이 이어졌다. 노새가 열 걸음에 아홉 번 넘어지니 노새 등에 탄 사람도 숨을 헐떡이고 땀이 흐르고 다리가 떨렸다. 이렇게 7, 8리쯤 가니 길이 끊어져 더 올라갈 수 없었다. 그래서 노새를 버리고 지팡이를 짚고서 덩굴을 잡고 가파른 길을 올랐다. 앞사람은 끌고 뒷사람은 밀며 혹은 띠를 이용하여 끌었으니, 응소應劭가 '뒷사람은 앞사람의 신발 밑을 보고 앞사람은 뒷사람의 정수리를 본다'라고 한 것이었다. 한 산등성이에 올라 바위에 걸터앉아서 '산이 여기서 다했구나'라고 생각했는데, 우러러보니 산문山門은 아직도 멀었다. 산등성이는 겨우 산의 3분의 2쯤 되는 곳이었다."

이정귀의 〈유각산사기遊角山寺記〉의 일부다. 각산角山은 산해관山海關에 있어 만리장성을 조망하는 풍광으로 유명하다. 이 글을 읽다 보면 각산을 오르는 길이 얼마나 험한지 짐작할 수 있다. 노새를 탔다가, 노새를 버리고 지팡이를 짚고 오르다가, 나중에는 띠를 이용해서 서로 끌어주며 오르는 모습이 눈에 보일듯이 생생하게 표현되었다.

"뒷사람은 앞사람의 신발 밑을 보고 앞사람은 뒷사람의 정수리를 본다"는 말이 지금도 산에 오를 때 쓰는 말이라 신기하다. 이정귀는 5월에 천산에 갔다가 6월에 각산사에 오르려고 했지만 홍수가 나서 오르지 못하고, 북경에 갔다가 9월에 다시 산해관을 지날 때 중국인의 안내를 받아 각산사에 올랐다. 같은 해에 천산과 각산을 모두 올랐으니 처음에 계획했던 천산, 각산, 의무려산을 가겠다는 목표에서 3분의 2를 이룬 셈이다.

"돌충계를 지나 동북쪽을 바라보니, 큰 암벽이 깎아지른 듯 서 있는

데 '진의강振衣岡' 세 자가 새겨져 있었으니, 한 글자의 크기가 마치 펼쳐 놓은 장막만 하여 참으로 천하의 장관이었다. 옆에는 '황명 융경 4년 모월서皇明隆慶四年某月書' 아홉 자를 써 놓았는데, 수백 보나 떨어진 거리였지만 모두 명확하게 알아볼 수가 있었으나, '월月' 자 위에 있는 한 글자만이 분명치 않았다. 바위 꼭대기가 평평하고 섬돌이 있는 곳은 집터였다. 월사月沙의 기록 가운데 '2개의 암자 [佛菴]가 그 위에 걸터앉아 있었다'고 한 것이 바로 이것이었다."

이 글은 김창업의 〈노가재연행일기노가재燕行日記〉의 일부분이다. 1604년 이정귀가 각산을 오른 이후 100여 년이 지난 1712년에 김창업金昌業이 다시 올랐다. 김창업은 이정귀가 처음 각산을 오른 후 두 번째 올랐는데, 이정귀의 〈유각산사기〉를 가지고 이정귀가 갔던 곳을 일일이 확인하며 다녔다. 시간이 지났어도 기록과 똑같은지, 달라진 것은 어떤 것인지 꼼꼼하게 답사를 하며 다닌 것이다. 그 후로 1765년에 홍대용洪大容, 1803년에 이해응李海應, 1829년에 박사호朴思浩 등이 연행하면서 올랐다.

김창업은 그의 맏형 김창집金昌緝이 연행사가 되어 북경에 갈 때 자제군관子弟軍官으로 따라갔다. 자제군관은 연행사의 자제나 친척 중에 한 명이 따라갈 수 있는 제도인데 대개 선진문물을 배우고 견문을 넓히라는 차원에서 지원하는 것이라 비교적 나이가 젊은 사람이 갔다. 김창집, 김창협, 김창흡, 김창업, 김창즙, 김창립은 김수항의 아들로 워낙 재능이 뛰어나 당시 6창昌으로 불렸다.

김창집이 연행할 때 자제군관으로 김창협과 김창업이 서로 가고 싶어 했지만 당시 김창협이 60세라 나이가 많다고 하여 김창업이 가게 되었다. 그러나 김창업도 나이 55세라 당시에 조롱과 비난이 일며 가지 말라고 말릴 정도였다. 그렇지만 김창업은 일생일대의 유일한 기회를 놓칠 수 없어 그런 비난과 조롱은 신경쓰지 않고 기쁜 마음으로 중국으로 떠났다.

김창즙은 연행길 도중에 있는 명산과 옛 유적이 기록된 책 한 권과 이정귀의 〈각산여산천산유기록角山閭山千山遊記錄〉 1책과 여지도輿地圖 1장을 김창업의 행장 속에 넣어 주었다. 김창업의 연행일기에서 천산, 각산, 의무려산의 유람은 이정귀의 유산기가 가이드북이 된 셈이다.

이정귀는 1616년 겨울에 세 번째로 북경에 가면서 의무려산醫巫閭山을 오르려고 했지만 날씨가 추워 포기하고 다음 해인 1617년 7월에 사행使行의 임무를 마치고 돌아오는 길에 의무려산에 올랐다. 이때 이정귀는 중병에 걸려서 8개월 동안 북경 옥하관玉河館에서 체류하다가 겨우 건강을 회복하고 귀국길에 나서게 되었다. 귀국길에 의무려산에 오르려 하자 이정귀의 건강을 걱정해 주변에서 극구 말렸지만 그는 기어이 산에 올랐다. 나이도 많고 건강도 허락하지 않아 언제 다시 의무려산을 오를지 장담할 수 없으니 더 이상 기회가 없을 것이라는 생각에 포기할 수 없었을 것이다. "맑은 아침 노새를 타고 가노라니 기분이 상쾌하여 문득 묵은 병이 깨끗이 낫는 듯했다"라며 의무려산 유람을 만족해했다. 이정귀는 이때가 인생에서 가장 힘든 시기였다고 고백했는데 그나마 의무려산에 올라 조금이라도 힘든 마음을 다스릴 수 있지 않았을까. 1766년에 실학자 홍대용도 올랐는데, 의무려산을 배경으로 〈의산문답醫山問答〉을 쓰기도 했다.

우리나라 최초로 중국의 천산, 각산, 의무려산을 오른 이정귀는 조선 문인들에게 상당한 영향을 미쳤다. '삼산三山'이라 통칭하면서 김창업을 비롯해 많은 문인들이 이정귀의 유산기를 들고 세 산을 답사했을 뿐 아니라, 선조의 딸 정명공주를 아내로 맞은 이정귀의 외손자 홍주원洪柱元도 외할아버지가 올랐던 산을 꼼꼼하게 답사하며 외할아버지의 자취를 밟기도 했다.

산에 못 가면 산을 만들어야지

산이 멀어 갈 수 없거나, 몸이 쇠약해 오르지 못하거나, 도저히 시간을 낼 수 없어 산에 갈 수 없다면 어떻게 해야 할까? 산에 올라 배우고 즐기고 치유받는다고 하는데, 산에 가지 못한다면 무엇으로 배우고 즐기며 치유받을 것인가. 이럴 때 산에 가는 방법이 있다. 바로 누워서 산에 가는 것이다. 누워서 산을 즐기는 것을 와유臥遊라고 한다.

와유의 방법으로는 자신이 쓴 유산록이나 다른 사람의 유산록을 읽거나, 또는 산의 그림을 보면서 산에서 노니는 것 같은 기쁨을 누리면 된다. 와유는 중국 송나라 종병宗炳이 늙고 병들면 명산을 두루 보지 못하게 될 것이라 생각하고 노년에 누워서 보기 위해 유람했던 곳을 모두 그림으로 그려 방에 걸어둔 것에서 나온 말이다.

"이제는 늙고 병들어 명산을 두루 구경할 수가 없으니,
　그 모습을 비슷하게 그린 그림이라도 볼 수 있으면
　아예 보지 않는 것보다는 낫겠다."

또 다른 방법으로는 인공으로 산을 만들어 즐기는 것이 있다. 돌로 만든
인공산인 석가산石假山과 나무로 만든 인공산 목가산木假山이 있다. 조선 전
기의 문인 채수蔡壽는 높이가 5척, 둘레가 7척이나 되는 석가산을 만들었
다고 한다. 사람 키만한 높이의 석가산에 손바닥만 한 나무를 심고, 물길
을 끌어와 2척 남짓한 인공 폭포까지 만들어 풍류를 즐겼다고 하니 산에
못가면 집에 자신만의 작은 산을 만들어 즐길 수도 있었다.
석가산은 그야말로 사치품이었기 때문에 선비들이 쉽게 가질 수 없었다.
김종직金宗直은 최태보라는 사람 집에 석가산 세 덩이가 있는데, 그 봉우
리와 동굴이 영롱하여 사랑스러웠다고 칭찬하였다. 그러면서 셋 중 하
나를 바꾸어 서실 곁에 두고 싶으나 석가산 하나와 바꿀만한 가치 있는
물건이 없어서 소동파의 〈호중구화壺中九華〉 시의 운韻을 사용해 시를 지
어 보냈다.

　　그대 집에서 일찍이 푸른 세 봉우리를 보니　　君家曾眄碧三峯
　　가슴속에 끼인 먼지가 갑자기 없어졌네　　　　塵土襟懷忽已空

만리 밖의 구지석은 다리 밑에 와 있고	萬里仇池來脚底
천길의 원교산은 마당 가운데 벌여 있는데	千尋圓嶠列庭中
솔·삼나무 소리는 은은하게 절벽에 메아리치고	松杉隱隱巖崖響
연기와 안개는 흩어져 동혈을 관통하누나	煙霧霏霏洞穴通
문득 한스러워라 나는 한간韓幹의 말이 없으니	却恨吾無韓幹馬
헌창 아래 어떻게 영롱한 돌을 마주하리오	軒窓那得對玲瓏

석가산 하나를 얻기 위해 소동파의 시를 차운해 보냈다니 문인다운 생각이다. 김종직은 왜 하필 소동파의 시 〈호중구화壺中九華〉를 선택한 것일까. 소동파가 〈호중구화〉에 쓴 자서自序에 의하면 "호구湖口 사람 이정신李正臣이 기이한 돌을 가지고 있는데, 아홉 개의 산봉우리를 이루고 창가의 난간 같은 것이 둘려져 있었다. 내가 백금百金을 주고 사서 나의 구지석仇池石과 짝을 만들고 싶었으나, 마침 남쪽으로 가게 되어 틈을 내지 못하였다. 그래서 이 돌에 '호중구화'라고 이름붙이고 또 시로써 기록한다"라고 하였다. 소동파가 8년 후에 다시 호구 땅을 지나가게 되었는데, 그 기이한 돌은 사람들이 가져가버려서 볼 수 없었다고 한다. 소동파의 〈호중구화〉 시의 내력을 안다면 최태보는 김종직에게 석가산 하나를 주지 않을 수 없었을 것 같다.

산에 가지 않고 산을 즐기는 또 다른 방법으로 남승도覽勝圖 놀이가 있다. 정월에 주로 청장년青壯年들이 하는 민속놀이인데, 등산만을 목적으로 하는 것은 아니고 전국을 여행할 수 있는 놀이로, 그 지역에 산이 있다면 마음으로 산을 오를 수 있다.

숫자가 적힌 팽이를 돌려서 말판 위로 전진하거나 후퇴하면서 서울을 떠나 팔도강산의 명승지를 다닐 수 있는데, 지금의 블루마블 같은 게임이다. 놀이의 말판은 1m 크기의 장방형 종이에 네모난 칸을 그린 다음 금강산, 촉석루, 낙화암, 부벽루, 만월대 같은 전국의 명승지를 써놓고 전국 팔도를 여행하는 방식이다. 서쪽부터 시작해 함경도 강원도에 이어 동부 지역을 거쳐 서울로 돌아올 수 있게 했다. 명승지나 지명 밑에는 1에서 6까지 숫자와 함께 옮겨갈 방향을 표시했으며, 출발점은 서울 숭례문으로 한다. 시인, 한량, 미인, 승려, 농부, 어부 6개의 신분으로 놀이를 시작하며 '청구남승도靑邱覽勝圖'에는 120곳의 명승이 표시되어 있다.

산에 가기 위한 방법은 여러 가지가 있다. 직접 가는 것이 가장 좋은 경험이겠지만, 그럴 수 없다면 글을 읽거나 그림을 보면서 간접 체험을 해도 좋고, 모형을 만들어 감상해도 좋고, 게임으로라도 가볼 수 있다면 그것도 좋은 방법이다. 어느 유명한 등반가에게 왜 산에 가냐고 물으니 산이 있어 간다고 대답했다는데, 산이 없어도 갔던 조선 선비의 흥취를 지금도 살려볼 수 있지 않을까.

조선시대 유산기

금강산 | 이정귀 〈유금강산기〉, 이명한 〈유풍악기〉, 허균 〈풍악기행〉, 김창협 〈동유기(東遊記)〉

지리산 | 유몽인 〈유두류산록〉, 조식 〈유두류록〉, 허목 〈지리산기〉

도봉산 | 이정귀 〈유도봉산서원기〉

속리산 | 이동항 〈유속리산기〉, 이현익 〈유속리산기〉

청량산 | 주세붕 〈유청량산록〉, 이익 〈유청량산기〉, 허목 〈청량산기〉

가야산 | 정구 〈유가야산록〉, 이이 〈유가야산부〉

백두산 | 유몽인 〈백두산기문〉〈백두산기〉, 서명응 〈유백두산기〉

한라산 | 최익현 〈유한라산기〉

두타산 | 김효원 〈두타산일기〉

월출산 | 정상 〈월출산유산록〉

치악산 | 안석경 〈유치악대승암기〉

관악산 | 채제공 〈유관악산기〉

묘향산 | 조호익 〈유묘향산록〉

무등산 | 고경경 〈유서석록〉

소백산 | 이황 〈유소백산록〉

덕유산 | 임훈 〈동덕유산향적봉기〉

오대산 | 김창흡 〈오대산기〉

태백산 | 이인상 〈유태백산기〉

탐닉
셋

선비의
반려동물

조선시대 그림 중에는 귀여운 강아지와 고양이 그림이 꽤 많다.
강아지나 고양이의 종류도 다양한 편이다.
사랑하여 옆에 두고 귀여워하며 놀아준다는 의미의 애완동물은
지금은 명칭이 반려동물로 바뀌었다. 함께 오래 같이 살아가는 동물이라는
의미로 명칭을 바꾼 것이다. 사회가 점점 개인화되면서 사람들은
동물을 옆에 두고 가족처럼 대하며 살아간다.
조선시대 선비들도 가축으로 키워서 먹거나 사냥하고
농사 짓기 위해 필요한 것이 아니라 옆에 두고
함께 사랑한 동물이 있었을까?

"10월 8일 사시巳時에 선생은 도성 남쪽 청파靑坡의 집에서 태어났다. 선생이 태어나던 날, 대낮에 호랑이가 나타나 문 밖에 와서 엎드려 있었다. 사람들이 모두 놀라 달아났는데, 선생이 태어나자 호랑이도 돌아갔다. 이를 듣고 사람들이 모두 기이하게 여겼다."

야행성 동물인 호랑이가 대낮에 사람 사는 곳에 나타났는데, 아기가 태어날 때까지 지키고 있다가 사라졌다는 이야기는 마치 꾸며낸 옛날이야기 같다. 이 글은 어떤 문인의 일생을 기록한 연보年譜의 일부분이다. 호랑이가 탄생을 지켜준 이 아기는 자라서 조선 중기 4대 문장가의 영수로

〈송하맹호도〉
©국립중앙박물관

조선 금수저의
슬기로운 일상탐닉

불리게 되며 문장의 힘으로 임진왜란 때 나라를 구해 구국의 문장가라고 칭송받게 되었다. 명나라에까지 문학으로 이름을 날려 조선시대 최초로 중국에서 책을 출판해 주는 일까지 있었으며 두고두고 좋은 문장의 표본이 되었다. 이 아기는 누구일까? 바로 월사月沙 이정귀李廷龜다.

문장을 잘하기로 유명한 문인의 탄생에 호랑이가 등장한 것은 왜일까? 용맹한 호랑이는 문인보다는 무인을 상징할 것 같지만, 의외로 문인을 상징하는 동물이다. '문文'이라는 글자의 의미는 글월이라고 하는데, 원래는 무늬를 뜻하는 글자다. 호랑이는 줄무늬가 멋진 것이 특징이라 무늬의 대표성을 가졌다. 무늬라는 의미는 나중에 무늬 문紋 자로 글자가 만들어졌지만, 처음에는 문文을 무늬로 썼다. 하늘의 무늬 천문天文은 하늘의 해와 달과 별이고, 땅의 무늬 지문地文은 나무와 동물 등이 된다. 사람의 무늬 인문人文은 사람이 나타내는 예禮와 문장이 된다. 그래서 인문에서 무늬를 대표하는 동물 호랑이를 문文을 상징하는 동물로 여기게 된 것이다. 그래서 문장으로 이름을 알린 문인의 탄생 일화에 굳이 호랑이가 등장한 것이라고 볼 수 있다.

『주역周易』 64괘 중 49번째인 구오九五 효사爻辭에서 '대인호변大人虎變'이 나오는데, 상사象辭에서는 "그 문채가 빛나는 것이다"라고 설명했고, 정전程傳에서는 "대인은 지나는 곳이 신묘하게 변화하고 사리가 밝게 드러나서 마치 호랑이의 무늬가 아름다운 것과 같다. 그래서 '호변虎變'이라고 한 것이다"라고 풀이했다. 호랑이 무늬가 문인의 문장을 상징하는 것이다. 이정귀와 같은 시대를 살았던 문인 중에 역시 문장으로 손꼽히는 사람이 있다. 1589년 31세에 증광 문과增廣文科에서 삼장三場에 모두 장원하여 관직에 나아갔는데, 당시에 지은 글을 문형文衡이었던 노수신盧守愼과 유성룡柳成龍이 "지난 백 년 동안 우리나라에 없었던 뛰어난 글"이라고 칭찬했다. 학문과 문장이 모두 출중했으나 특히 유몽인柳夢寅 자신도 학문은 부족할지라도 문장 하나만큼은 누구에게 뒤지지 않을 정도라며 자신의 문장에 강한 자부심을 나타냈다.

유몽인 이름의 마지막 글자 인寅은 호랑이를 뜻한다. 그래서 자字가 응문應文이다. 조선시대에 자를 지을 때는 이름의 뜻과 맞추는데, 문장을 상징하는 호랑이라서 '문장에 응하다'라는 의미로 응문應文이라고 한 것이다. 문장으로 이름을 날린 유몽인의 이름답다. 유몽인 형제의 이름을 보면 재미있다. 유몽인은 4남 1녀 중에 막내로 태어났는데, 큰형은 유몽사柳夢獅, 둘째 형은 유몽표柳夢彪, 셋째 형은 유몽웅柳夢熊이다. 사형제가 사자, 표범, 곰, 그리고 호랑이다.

여기서 호랑이나 표범 모두 줄무늬가 돋보이는 동물인데, 호랑이가 문장을 상징한다면 표범은 무엇인가 궁금할 것이다. 호랑이와 표범은 둘을 묶어서 자주 사용한다. 『주역』의 혁괘革卦에 '대인호변大人虎變 군자표변君子豹變'이라는 말을 함께 쓰고 있다. 바꾸다는 의미의 '혁革'을 털갈이 하여 빛나는 문채文彩를 드러내는 호랑이와 표범에 비유하고 있으니 빛나는 무늬의 호랑이와 표범은 대인군자와 문장을 상징하는 것이다.

눈동자는 남북으로 나뉜 것 같고   晴猶分子午

코는 추위 더위 점칠 만하다   鼻可卜炎涼

스스로 편히 눕는 걸 좋아하는데   自愛便身臥

누굴 위해 얼굴은 씻고 단장하는지   爲誰洗面妝

경쾌한 행동은 순간이거니와   輕儇深造次

노려보는 모습은 보통이 아니네   睥睨異尋常

서거정徐居正의 시에 표현된 이 동물은 무엇일까. 눈동자는 위아래로 나뉘고 편히 눕길 좋아하며 얼굴을 열심히 씻어대는 날쌘 동물. 아마 귀여운 고양이가 떠오를 것이다. 굉장히 긴 시의 일부인데, 앞부분에 봉황이며 사자, 호랑이, 곰 등 온갖 동물을 나열하면서 그런 뛰어난 동물과도 나란히 하는 것으로 그렸다.

조선시대 선비들도 고양이를 좋아했을까? 우리나라 사람들이 좋아하는 반려동물의 1순위는 강아지고, 요즘에는 고양이를 좋아해서 키우는 사람들도 많아졌는데, 조선시대 선비들도 고양이를 좋아했다는 것이 생소하다.

서거정은 이 시에서 고양이의 깜찍하고 귀여운 모습과 함께 나라를 좀먹는 해를 없앴고 백성을 해치는 재앙을 끊었다는 것에 중점을 두었다. 곧 곡식을 훔쳐먹는 쥐를 고양이가 잡아주니 매우 이로운 동물이라는 것이다. 생김새가 비록 왜소하더라도 공을 논할 것 같으면 누구와도 겨룰 수 있다고 하면서 옛날 사람들도 사제蠟祭 때마다 맞이하고 보냈다고 했다. 사제蠟祭는 음력 12월에 농사에 관련된 여덟 신神에게 제사하는 납제臘祭를 말한다.

『예기禮記』 교특생郊特牲에 "고양이의 신을 제사하는 것은 고양이가 밭의 쥐를 잡아먹기 때문이요, 호랑이의 신을 제사하는 것은 호랑이가 밭의 멧돼지를 잡아먹기 때문이다"라는 말이 있다. 서거정은 "곳곳마다 사람들이 다 보호하니 집집마다 길러도 해롭지 않다"고 하는데 당시 고양이를 다 보호하면서 키웠던 모양이다. 사람에게 이로움을 주는 동물만이 사람 옆에 있을 수 있는 것이다.

당송팔대가의 한 사람이며 중국 산문을 대표하는 당나라 문인 한유韓愈도 고양이를 예찬하는 〈묘상유설貓相乳說〉을 지었다. 당나라 사도司徒 북평왕北平王 집에 암고양이가 두 마리 있었는데, 같은 날 함께 새끼를 낳았다. 그런데 고양이 한 마리가 죽고 그 새끼들이 젖을 먹지 못하게 되자, 다른 고양이가 죽은 고양이의 새끼들에게 젖을 먹인 일이 있다. 고양이의 이런 행동이 사람을 감동시켰는데, 자신의 부모만 부모로 여기지 않고 자신의 자식만 자식으로 여기지 않는 그 마음에서 천하위공天下爲公의 사상을 보았던 것일까. 어쨌거나 고양이를 해로운 쥐를 잡는 유익한 동물이라는 것에만 관심을 가진 것이 아니라 고양이에게서 덕을 찾은 것이다.

"세자世子가 신효창申孝昌의 집에 있는 금빛 고양이를 얻으려 하니, 신효창이 그 말을 따르지 않고 빈객賓客 탁신卓愼에게 그 사실을 말했다. 탁신이 서연관書筵官을 불러 말하니, 이에 서연관이 말씀드리기를, '이것이 비록 사냥하는 매와 개에 비교할 것은 아니지만 구경하고 좋아할 수 없는 것이고, 또 재상의 집에 요구할 수 없는 것입니다' 하니, 세자가 말하였다. '사람들이 항상 '금빛 나는 고양이는 숫놈이 적다'고 하기에, 보고 돌려보내려고 한 것이다.'"

조선왕조실록 태종 17년(1417) 11월 24일의 기록이다. 세자가 재상 신효창에게 고양이를 달라고 했는데, 신효창이 주지 않았다고 한다. 세자라 하더라도 재상에게 고양이를 달라 해서는 안 된다고 하자, 세자는 금빛

변상벽 〈고양이〉 ⓒ국립중앙박물관

고양이가 귀하다는 말을 들어서 그저 보고 돌려주려 했을 뿐이라고 변명하고 있다. 금빛 고양이가 무엇이길래 세자가 재상에게 달라고 해도 재상이 주지 않았을까. 이 금빛 고양이가 지금의 고양이 품종 중에 무엇에 해당하는지는 모르겠지만 당시에 상당히 귀한 품종이었던 모양이다.

금빛 고양이에 대한 이야기는 숙종이 가장 유명하다. 숙종이 무척 사랑했던 고양이가 금빛 고양이어서 고양이 이름을 '금손金孫'이라 불렀다. 이 고양이는 숙종이 식사할 때마다 곁에 앉혀두고 손수 먹이를 먹이며 정사를 볼 때도 곁에 두고 쓰다듬었다고 한다. 신하들이 말리기도 했지만 숙종의 고양이 사랑은 아무도 막을 수가 없었다고 하니 숙종은 조선시대 대표적인 고양이 집사였다고 하겠다.

1720년 6월 숙종이 세상을 떠나자 금손이는 울고 다니며 먹이를 거부하고 먹지 않아 끝내 죽고 말았다. 이를 안타깝게 여긴 대비 인원왕후가 숙

조선 금수저의
슬기로운 일상탐닉

종릉에 묻게 했다고 한다. 개의 충성심에 얽힌 이야기는 자주 듣지만 고양이의 충성심도 만만치는 않은 모양이다. 숙종의 딸 숙명공주와 숙종의 아들 영조도 모두 고양이를 좋아했다고 하니 고양이 좋아하는 유전자가 있었던 것일까.

조선시대 그림 중에 고양이 그림이 심심치 않게 있다. 고양이는 쥐를 잡기 때문에 이로운 동물이라 사람들이 좋아했을 수도 있지만, 고양이가 상징하는 의미가 좋기 때문에 그림에 자주 등장시켰다. 특히 고양이 그림에 함께 등장하는 동물이 있다. 바로 나비인데, 고양이와 동반해서 자주 등장한다.

고양이와 나비가 함께 있는 그림은 선물로 많이 보냈다는데, 그 이유는 고양이 묘猫라는 글자가 70세 노인을 뜻하는 '모耄'와 음이 같아 장수의 의미로 쓰였기 때문이다. 옛날에는 발음이 비슷한 글자끼리 서로 같은 의미로 사용하는 일이 많았다. 그래서 70세를 맞는 노인에게 고양이 그림을 선물하거나 노인이 있는 집에 장수하라는 의미로 보냈을 것이다. 그렇다면 고양이 그림에 나비가 같이 등장하는 이유는 무엇일까. 고양이를 나비라고 부르는 것과 관계가 있을까? 나비 '접蝶'이라는 글자는 늙은이 또는 여든 살이라는 뜻을 가진 '질耋'과 발음이 같아 역시 장수하라는 의미로 고양이와 나비가 함께 있는 그림을 선물했다. 접과 질의 발음이 비슷하지 않다고 생각할 수도 있지만, 그 발음의 기준이 지금과는 다르다는 것을 생각해 보면 대충 이해되지 않을까.

"북녘 바다에 물고기가 있다. 그 이름을 곤鯤이라고 한다. 곤의 크기는 몇천 리나 되는지 알 수가 없다. 이 물고기가 변해서 새가 되면 그 이름을 붕鵬이라 한다. 붕의 등 넓이는 몇천 리나 되는지 알 수가 없다. 힘차게 날아오르면 그 날개는 하늘 가득히 드리운 구름과 같다."

『장자莊子』의 「소요유逍遙遊」 편에 나오는 내용이다. 몇천 리나 되는지 알 수 없을 만큼 큰 물고기 곤鯤, 이 곤이 새로 변하면 붕鵬이 된다고 한다. 이 새의 크기도 몇천 리나 되는지 알 수 없다. 붕이 남쪽 바다로 날아갈 때는 3천 리 파도를 일으키며 바람을 타고 하늘로 9만 리나 날아오른다. 가

봉황

늠하기 힘들 정도로 어마어마한 크기의 물고기와 새를 본 적이 있는가? 아마 곤과 붕을 본 사람은 없을 것이다. 왜냐하면 실제로 존재하지 않는 동물이기 때문이다. 이렇게 곤이나 붕, 용처럼 유명하지만 아무도 본 적이 없는 동물은 의외로 많다. 그 대표적인 동물이 봉황鳳凰이다. 봉황은 상상의 동물로 기린·거북·용과 함께 네 가지 신령스러운 동물의 하나로 꼽힌다. 수컷을 봉鳳이라고 하고, 암컷을 황凰이라고 해서 봉황이라고 부른다.

상상의 동물은 실존하는 동물의 좋은 부분을 조합해서 만들어 의미를 붙인다. 봉황은 기러기·기린·뱀·물고기·황새·원앙새·용·호랑이·

제비·닭 등의 동물이 조합되었다고 한다. 좋은 동물은 다 모아놓은 것 같다.

봉황에게는 오덕五德이 있다고 칭송한다. 가슴은 인仁, 날개는 의義, 등은 예禮, 머리는 지智, 배는 신信을 나타낸다고 하니 봉황에게 좋은 의미는 다 갖다 붙인 듯하다. 이렇게 봉황에게 큰 상징을 부여하여 상서롭고 신성한 존재로 만들어서 봉황이 나타나면 천하가 편안해진다고 믿었다. 실제로 봉황은 존재하지 않으니 봉황의 모습을 볼 수도 없지만 나타났다고 하면 나타난 것으로 믿어야 한다.

옛날에 황제黃帝가 낙수洛水 위에서 노닐 때 봉황이 도서圖書를 입에 물고 내려오자 황제가 절을 하고 받았다는 전설이 〈춘추합성도春秋合誠圖〉에 전해온다. 또 순舜 임금 때 악관樂官인 기夔가 피리의 일종인 생황笙簧과 큰 종鐘인 용鏞을 번갈아 울리자 새와 짐승들이 춤을 추었고, 순임금의 음악인 소소簫韶를 아홉 번 연주하자 봉황이 와서 춤을 추었다는 말이 『서경書經』에 전한다.

존재하지도 않는 상상의 새를 만들었던 가장 큰 이유는 백성들이 잘 사는 편안하고 좋은 세상을 기다렸기 때문일 것이다. 그렇게라도 태평성대가 되기를 간절히 희망했다. 달력을 봉력鳳曆이라고도 부르는데, 봉황이 천시天時를 잘 안다고 생각했기 때문이다. 봉황이 알려주는 날짜대로 살아간다면 일 년 내내 좋은 시절이 될 것이라는 믿음이 있었을까.

『시경詩經』에 "봉황이 우네 저 높은 언덕에서. 오동나무 자랐네 저 산 동쪽에"라는 구절이 나온다. 좋은 인재를 구하고 싶어하는 시에서 봉황을 기다리는 마음을 표현한 것이다. 그래서 '봉명조양鳳鳴朝陽'이라는 말이 나왔다. "오동나무 심은 뜻은 봉황을 기다림이요"라는 노래 구절에서 보듯이 봉황은 오동나무에만 산다. 먹는 것도 오직 대나무 열매만 먹는다. 《시경》〈대아大雅〉의 전箋에 "봉황의 성질은 오동나무가 아니면 깃들지 않고, 대나무 열매가 아니면 먹지 않는다"라고 하였다. 사는 곳도 먹는 것도 참 까탈스럽다. 이런 까다로움이 봉황을 더 신성하고 고귀하게 만들어주는 효과가 있나보다.

> "입은 함부로 울지 않고 마음은 법도에 맞으며, 귀는 멀리까지 잘 듣고 혀는 소리를 잘 내며, 깃 색깔은 문채가 나고 벼슬은 붉은 색이며, 발톱은 날카롭고 소리는 우렁차며, 배는 아무것이나 먹지 않는다."

『초학기初學記』에 나오는 봉황에 대한 아홉 가지 특징이다. 또 봉황의 깃에 아홉 가지 빛깔이 나타난다고 봉황을 구포九苞라고 부른다. "봉황은 굶주려도 좁쌀은 먹지 않는다"라는 말이 있는데, 봉황의 지조와 절개가 굳다는 의미다.

봉황이 왕이나 뛰어난 신하를 말하기도 하지만 지조가 굳은 선비를 상징하기도 한다. 봉황은 태평성대에만 나타나지만, 봉황이 운다는 것은 어진 신하가 임금에게 바른 말을 하는 것을 뜻하기도 한다. 어진 신하가 있어야 나라의 지도자가 제대로 정치를 할 수 있고, 태평성대가 될 것이다.

그래서 선비들은 시나 문장에 봉황을 자주 인용했다. 또 봉황추鳳凰雛라는 말이 있는데 봉황의 새끼라는 뜻으로 뛰어난 자식을 말한다.

서수획린西狩獲麟이라는 말이 있다. 서쪽으로 사냥 가서 기린을 잡아온다는 뜻인데, 노魯나라 애공哀公 14년에 대부 숙손씨叔孫氏가 서쪽으로 사냥 갔다가 기린을 잡아오자, 공자가 난세에 잘못 나와서 잡혀 죽은 기린을 보고는 흐르는 눈물을 옷소매로 닦으면서 '나의 도道가 다했구나'라는 말을 남긴 후에 『춘추春秋』의 마지막을 '서수획린西狩獲麟'이라는 말로 마치고 더 이상 붓을 잡지 않았다고 한다. 상서로운 짐승인 기린이 성인이 없을 때 세상에 잘못 나와서 불행하게 된 것처럼, 공자도 도를 펼 수 없게 되었다고 탄식한 것이다. 그래서 획린獲麟이라는 말에 절필하다는 뜻이 있다. 그런데 여기서 기린은 우리가 알고 있는 목이 긴 기린이 아니다. 기린은 봉황과 마찬가지로 상상 속의 동물이다. 모습을 살펴보면 발굽은 말과 같고 꼬리는 소와 같으며 몸은 사슴과 같다고 한다. 기린도 봉황과 마찬가지로 세상에 도가 있으면 나타났다가 도가 없어지면 떠나버리는 존재다. 그래서 기린은 도가 있는 세상을 의미한다. 도가 펼쳐지는 좋은 세상을 꿈꾸는 선비들은 기린이 세상에 나타나주길 원할 것이다. 그래서 기린이 싸우면 일식과 월식이 일어난다는 말이 『회남자淮南子』에도 나오는데 옛날 사람들은 일식과 월식을 불길한 징조로 여겼기 때문이다. 태평성대에 나타나는 기린이 서로 싸움도 한다고 생각한 것이 재미있다.

"360종의 날개 있는 짐승 중에 봉황이 으뜸이고, 360종의 털 있는 짐승 중에 기린이 으뜸이며, 360종의 딱지가 있는 짐승 중에 신귀神龜가 으뜸이고, 360종의 비늘 있는 짐승 중에 교룡이 으뜸이며, 360종의 털 없는 짐승 중에 성인聖人이 으뜸이다."

『대대례기大戴禮記』〈역본명易本命〉에 나오는 내용이다. 세상에서 최고의 존재로 봉황과 기린, 거북이와 용, 그리고 성인聖人을 꼽았는데 이중에 거북이를 우왕禹王이 홍수를 다스릴 때 낙수洛水에서 나온 신귀神龜라고 하면, 실제로 존재하는 것은 성인뿐이다. 나머지는 모두 상상의 동물이기 때문이다.

기린은 살아있는 것은 먹지 않고 살아있는 풀도 밟지 않는다는 상서로운 동물이다. 그래서 상서롭다는 뜻을 넣어 '서린瑞麟'이라고 부르는데 재주와 지혜가 뛰어난 사람을 비유하는 말이다. 그래서 대신大臣의 옷에 기린 문양을 수놓아주기도 했다.

기린이 좋은 의미이니 기린이 들어간 말도 많다. 예를 들어 재주가 뛰어난 어린이를 부를 때 '천린天麟' 또는 '천기린天麒麟'이라고 한다. 당唐나라 시인 유우석劉禹錫이 친구의 아들 장관張盥이 과거시험 보러 가는 것을 전송하면서 지은 시에 "네가 태어나 대문에 활을 걸었을 때, 나는 돌잔치 손님이었지. 젓가락으로 국수를 먹으면서 천기린이라 축하했지"라고 했다. 아기의 돌잔치에서 뛰어난 능력이 있는 인재로 성장하라고 축하해주었으니 과거시험 보러 가서도 좋은 성적을 얻을 것이라고 합격을 기원해준 것이다.

같은 의미로 재능이 뛰어난 아이를 기린아^{麒麟兒}라고도 부른다. 당나라 시인 두보^{杜甫}가 서경^{徐卿}의 두 아들을 칭찬하면서 〈서경이자가^{徐卿二子歌}〉를 지어 이렇게 노래했다. "그대는 못 보았나 서경의 두 아들 뛰어나게 잘난 것을, 길한 꿈에 감응하여 연이어 태어났다네. 공자와 석가가 친히 안아다 주었다니, 두 아이는 모두가 천상의 기린아일세."

또 석기린^{石麒麟}도 총명한 아이에게 쓰는 말이다. 진^陳나라 문인 서릉^{徐陵}이 어릴 적에 지나가던 고승^{高僧}이 그의 정수리를 어루만지면서 '천상^{天上}의 석기린^{石麒麟}'이라고 칭찬한 고사에서 유래했다. 기린은 주로 총명하고 뛰어난 아이를 비유하는 말로 많이 쓰인다. '쌍린^{雙麟}'이라는 말도 있는데, 한 쌍의 기린이라는 뜻으로 글재주가 뛰어난 다른 사람의 자제를 비유한다. 이렇게 용모와 재능이 뛰어난 아이에게 기린이라는 말을 할 정도로 선비들이 기린을 좋아하지만, 기린훤^{麒麟楦}이라는 말을 들으면 싫어한다.

기린훤은 기린의 탈인데 '인원^{麟楦}' 또는 '훤린^{楦麟}'이라고도 한다. 당나라 시인 양형^{楊炯}이 관리들을 볼 때마다 기린훤이라고 부르자 어떤 사람이 그 이유를 물었다. 당나귀에게 기린 탈을 씌워서 당나귀를 기린이라고 하며 놀지만, 탈을 벗기면 그저 당나귀일 뿐이니, 지금 덕이 없으면서 관복만 입고 있는 자들이 기린 탈을 쓴 당나귀와 무엇이 다르냐고 비판한 것이다. 기린 탈을 쓴 당나귀가 아니라 진짜 기린이 나타나 좋은 세상을 만들어줄 때는 언제일까. 백성들이 잘 사는 태평한 세상, 도가 펼쳐지는 좋은 세상을 꿈꾼 선비들은 스스로 기린과 같은 존재가 되고 싶었을 것이다.

고고하고 우아한 선비의 분신

선비에게는 선비의 품격이 있어야 한다. 고고하고 우아한 멋을 지닌 선비가 되고자 평생 동안 글을 읽고 도를 닦는다. 선비의 고고함을 대신 표현해 줄 동물이 있다면 기꺼이 옆에 두고 키웠을 것이다.

"용주옹龍洲翁이 내게 학 한 마리를 보내와 정원에 기르고 있다. 학들이 떼 지어 머리 위로 지나가는 것을 보면 목을 쳐들고 우는데, 그 소리가 매우 멀리까지 들린다. 하루는 학 한 마리가 지나가다가 한참 동안 머리 위에서 빙빙 돌며 떠나지 않았으니, 동류同類는 서로 어울리는 것이라고 말할 만하다."

1669년 허목이 74세에 쓴 〈학 기르기 [養鶴]〉라는 글이다. 허목은 조선 중기의 문인 용주龍洲 조경趙絅이 선물로 보낸 학을 정원에서 키우던 중에 하늘을 나는 학이 허목의 집에 있는 학의 머리 위에 한참 동안 머무는 것을 보았다. 그러면서 동류同類가 서로 어울릴 만하다고 했는데, 집의 학과 하늘의 학이 동류이니 어울리는 것은 당연하고, 어쩌면 학과 자신도 그렇게 보고 싶었을지도 모르겠다. 『주역』과 『시경』 등에서 학이 음침한 곳에서 울지만 그 울음 소리가 하늘까지 들린다며, 맑고 고고하게 조용히 살면서 세속의 더러움에 초연하기 때문에 학을 현인과 군자에 비유했다. 학의 모습에서 풍겨지는 고고함이 훌륭한 선비를 떠올리게 한다. 이 글을 읽고서 집에서 학을 키우는 일이 가능했다는 것에 놀랄 수도 있다. 한때 선비들 사이에서 학을 키우는 것이 유행했는데, 야생동물인 학을 집에서 기르는 것을 '양학養鶴' 또는 '축학畜鶴'이라고 한다. 이때는 선비들이 학을 키우며 서로 학을 선물로 주고받기도 했다. 허목에게 학을 선물한 조경은 학을 어떻게 키우고 있었을까?

삼 년간 작은 정원에서 어린 학 길렀는데	雛鶴三年養小園
흰 몸과 붉은 정수리가 송문에 비치네	皓衣丹頂映松門
하루아침에 회오리바람 일으켜 날아가니	一朝羊角搏風去
고산의 옛 주인 은혜가 그리웠던 게지	豈憶孤山舊主恩

조경은 '계묘년(1663) 7월 5일에 기르던 학이 날개를 펴더니 홀연히 구

름을 뚫고 날아가 버렸다'는 글을 앞에 쓰고 이 시를 썼다. 3년간 애지중지 새끼 학을 키웠는데 멀리 날아가버려 무척이나 서운하고 아쉬운 마음이 들었을 테지만, 고산의 옛 주인 은혜가 그리워 간 것이라고 생각하고 마음을 편하게 가졌다.

고산의 옛 주인이란 송末나라 은자隱者 임포林逋를 뜻한다. 임포는 서호西湖의 고산孤山에 살면서 20년 동안 세상에 나가지 않으며 매화를 심고 학을 길렀는데, 당시 사람들이 매화를 아내로 삼고 학을 자식으로 삼았다고 해서 '매처학자梅妻鶴子'라고 불렀다. 그래서 선비들은 먼지 가득한 속세를 벗어나 깊은 산에서 고고하게 살아가는 임포의 삶을 동경하고, 비록 세상에 나와 살지만 마음만은 은자처럼 살고 싶다는 생각을 했다. 그래서 선비들 사이에 학 키우는 것이 유행했나 보다.

> "사인사舍人司의 연정蓮亭에서 학을 한 쌍 길렀는데, 무자년과 기축년에 학이 알을 낳아 새끼를 깠다. 인가에서는 학은 기르되 대부분 새끼를 까서 기르지 못하는데 새끼를 깠으니, 기특한 일이다. 기축년 여름에 내가 찬성으로 우연히 연정을 지나게 되었는데, 연꽃은 한창 피었고 학鶴의 새끼는 기우뚱기우뚱 걷고 있었다."

문인 심수경沈守慶의 〈견한잡록 [遣閑雜錄]〉에 나오는 내용이다. 무자년은 1588년이고 기축년은 1589년이다. 2년 동안에 한 쌍의 학이 알을 낳아 그 새끼를 길렀다는 내용인데, 데려다 키우는 것이 아니라 학이 새끼를 낳아 키우는 데까지 이르니 자랑할 만한 일이다. 연꽃이 피어 은은한 향기 가득한 아름다운 풍경 속에서 귀여운 새끼 학이 뒤뚱뒤뚱 걸어다니는 모습이 얼마나 좋았을까.

심수경이 이 좋은 일을 권극지權克智에게 자랑하니, 권극지가 연꽃이 원래 잘 자라지 않았는데, 이때 마침 연꽃도 가득하고 학이 새끼도 낳았으니 일이 잘 될 것 같다고 덕담을 해주었다. 집에서 기르는 학이 알을 낳아 새끼를 키우려면 상당한 전문 지식이 있어야 할 것 같다.

조선시대에 선비들이 직접 학을 키우기도 했지만, 학을 키우는 전문가로 유명한 사람이 있다. 학자 우계牛溪 성혼成渾의 사촌 동생인 성급成汲이다. 학 기르기를 좋아해서 스스로 호를 순학옹馴鶴翁이라고 했다는데, 학을 길들이는 노인이라는 뜻이다. 성급은 서자로 태어나 학을 길러서 생계를 꾸렸다고 한다. 당시 권필과 이정귀의 문집에도 그에게 써 준 시가 있는데, 문인들이 그에게 써 준 시가 상당히 많았다고 한다. 지금 반려동물 전문가가 큰 인기를 얻고 있는 것처럼 당시 성급도 학 전문가로 문인들에게 인기를 얻었던 것 같다.

학을 키우려면 학의 생태와 습관 등을 잘 알아야 할 것이다. 송나라 학자 육전陸佃은 학이 태어난 지 2년이면 솜털이 빠지고 3년이면 알을 품으며 7년이면 하늘 높이 날아오른다고 했다. 홍만선의 『산림경제山林經濟』에 실린 〈학 기르기 [養鶴]〉 편을 보면 학은 울음소리가 맑은 것을 최고로 치며, 목이 길고 다리가 멀쑥한 것이 좋다고 했다. 학이 병이 들면 뱀

〈평생도〉
ⓒ국립중앙박물관

이나 쥐 또는 보리를 삶아 먹이고, 전복을 먹이면 죽는다고 기록해 놓았다. 명나라의 책 『신은지神隱志』나 『문견방聞見方』 같은 것을 인용해 학을 키우는 데 필요한 정보를 잘 정리했다. 이런 정보를 바탕으로 선비들이 학을 키웠던 것 같다.

조선시대 그림을 보면 집안에서 학이 사람 옆에 걸어다니는 것을 볼 수 있다. 물론 그림을 좀 자세히 봐야 보인다. 집에서 학을 키우는 일이 가능했을까? 학을 새장에 넣어 키우려면 새장이 너무도 커야 하니 그것도 쉽지 않았을 것이다.

"학을 한 쌍 키웠는데 그 처지를 가엾게 생각하여 이번 가을에 깃을 잘라 주지 않았더니 깃털 여섯이 모두 장대하게 자랐다. 한 번은 날아가더니 곧 되돌아왔다. 내가 이에 감동하여 노래를 짓노라."

조선 중기의 문인 박순朴淳도 학을 키웠다. 집안에서 자라는 학을 불쌍히 여겨 깃을 잘라주지 않았다고 했다. 조선 후기의 문인 서유구徐有榘가 금화에서 농사지으며 독서한 기록『금화경독기金華耕讀記』에 학을 잡아 길들이는 방법을 소개했다. 학을 잡아와 깃촉을 자르고 며칠 굶기다가 조금씩 익은 음식을 주면서 몇 달을 먹이면 길들일 수 있다고 한다. 이때는 학을 새장에 넣어서 키운 것이 아니라 어릴 때 데려다가 학이 날아가지 못하게 깃털을 잘랐다. 박순은 해마다 깃털을 잘라 날아가지 못하게 하다가, 날아가라고 깃털을 잘라주지 않았다. 그러나 하늘로 날아올라간 학은 다시 박순에게 돌아온 것이다. 보내준 학이 다시 나에게 돌아왔다면 감동할 일이다.

박순처럼 학을 키우는 사람들은 학이 어느 정도 나이가 되면 학에게 자유를 주기도 했다. 그것을 학을 놓아준다는 의미로 '방학放鶴'이라고 했다. 진짜 학을 사랑하는 사람의 마지막 태도일까. 학을 놓아준 것으로 유명한 사람으로 매처학자의 임포가 있다. 조선시대 화가 겸재謙齋 정선鄭敾이

겸재 정선 〈고산방학〉 ©CC BY

그린 〈고산방학孤山放鶴〉이라는 그림이 있는데, 눈 쌓인 매화나무에 기대어 돌아오는 학을 바라보는 임포가 보인다.

또 중국 송나라의 은자 장천기張天驥가 있다. 그는 운룡산雲龍山에 살면서 학 두 마리를 길렀는데, 매일 아침마다 서산西山을 향해 학을 놓아주면, 저녁 때 학이 동산東山을 향하여 돌아왔다고 한다. 송나라 시인 소동파가 장천기가 살았던 초당인 방학정放鶴亭에 대해 〈방학정기放鶴亭記〉를 짓기도 했다.

어린 학을 데려다 키우기도 하고, 학이 알을 낳으면 그 새끼를 또 키우며, 때가 되면 학을 놓아주기도 하면서 학과 함께 했던 선비들. 선비들의 학 키우기 열풍은 전국적으로 유행했는데, 지방의 민가에서도 학을 기르는 집이 많았다고 한다. 학이 주는 맑고 기품있는 모습과 학에 얽힌 선비들의 아름다운 이야기 때문일 것이다. 그래서인지 학이 60년을 살면 살아있는 것을 먹지 않고, 160년이 되면 암컷과 수컷이 교미를 하지 않고 바라보기만 해도 새끼를 배며, 1600년이 되면 물만 마시고 아무것도 먹지는 않는다고 하여 학을 세속과 떨어진 존재로 높이기도 했다.

"학이 비록 미물이지만 만물 중에서 맑고 늘씬하기로는 학만 한 것이 없다. 그래서 고상한 사람들과 빼어난 선비들이 많이 칭송하는 것이다. 내가 세상 바깥의 사람이 되었기에 산수 간을 높이 날아오르는 이 학 두 마리를 얻고서 흥이 얕지 않았는데, 이제 한 마리를 잃으니 마음속에 탄식이 없을 수 있겠는가. 정원지기에게 시켜 뜰 한 구석 깨끗하고 한산한 곳에 고이 묻어주게 하고, 마침내 이 일을 서술하여 옛

조선 금수저의
슬기로운 일상탐닉

사람의 〈예학명瘞鶴銘〉을 잇노라."

허목에게 학을 선물로 주기도 하고 자신도 열심히 키웠던 문인 조경은 학을 키우다가 한 마리가 원인 모르게 죽자 매우 슬퍼하며 〈학을 묻어 준 이야기 [瘞鶴說]〉라는 글을 썼다. 양梁나라 도홍경陶弘景이 쓴 〈예학명瘞鶴銘〉에 이어 쓰기에 〈예학설〉이라고 지은 것이라고 밝히고 있다. 학을 친구들에게 선물하기도 하며 열심히 정 들여 잘 키웠지만, 생명이 있는 것의 죽음도 받아들일 수밖에 없을 것이다. 뜰 한 구석에 고이 묻어주며 학을 위한 글까지 지어주었다면 진정 학을 사랑했던 사람이라고 해도 부족함이 없겠다. 그렇지만 하늘을 날아야 하는 새가 날지도 못하고 인간의 마당에서 주는 밥이나 먹고 살며 길들여진다면 그것은 학이 가진 멋이 사라지는 것이 아닌가.

춘추春秋시대 위衛나라 의공懿公이 학을 심하게 좋아해서 학에게 대부大夫의 벼슬을 주고 녹봉까지 주었으며 대부 이상이 타는 수레에 태우고 다녔다고 한다. 그러자, 전쟁에 나가는 군인들이 학에게는 벼슬과 녹봉이 있는데, 내가 어찌 싸울 수 있겠느냐고 불만을 표시했다. 학만 사랑하고 백성을 학대하는 바람에 전쟁 때 백성들이 싸우지도 않고 도망쳤다고 한다. 속세가 아닌 산속에서 맑고 고고하게 살아야 하는 학의 본성을 사랑한다면 학을 사랑하는 자세는 어떠해야 하는 걸까?

화려한 난간 높은 시렁에 단청이 찬란한데	雕欄高架爛靑朱
좁쌀 낭비해 비둘기 길러 구경거리 제공하네	竭粟養鳩供翫娛
소리는 국국거리고 성질은 음란하니 취할 점 무엇인가	聲局性淫何所取
인仁의 이치 들어있는 병아리만 못하네	不如仁理在鷄雛

화려한 난간에 단청을 칠하고 사람 먹을 곡식도 부족한데 비둘기에게 곡
식을 먹여 키우면서 잘난 비둘기를 자랑하지만, 비둘기 소리도 듣기 싫
고 성질이 음란하니 뭐 하나 좋은 게 없다. 잘 키워서 달걀도 얻고 고기
도 얻을 수 있는 병아리만 못한데, 곡식을 낭비해가며 비둘기를 키우는

것을 비난하고 있다. 이 시는 윤기尹愭의 〈부귀가의 네 가지 사물 [詠富貴家四物]〉이라는 시 4수 중 세 번째 시다. 당시 부잣집에서는 비둘기를 키우며 사치를 자랑했다.

조선 후기에 비둘기 키우는 것이 유행했다. 박제가는 〈제송지발합도題松枝鵓鴿圖〉라는 시를 지었고, 유득공은 비둘기 키우는 전문서 『발합경鵓鴿經』을 썼다. 당시의 문인 성해응, 이덕무, 이규경 등도 사치스럽게 키우는 비둘기에 대해 기록했다. 고작 비둘기를 키우는 데 무슨 사치가 필요할까?

"묵오黙烏는 흰 바탕에 꼬리는 검고, 정수리에 검은 점이 있다. 전백全白은 순백색이다. 승僧은 갈색이고 목털은 탁한 붉은색에 금색이 흐른다. 날개와 꼬리 끝에 연한 검은색으로 가장자리 선이 있고 날개 가운데 연한 검은색과 자주색으로 두 줄의 띠가 있다. 중이 가사袈裟를 입은 것 같아서 이렇게 부른다. 전항백纏項白은 희지만 갈색에 가깝다. 날개와 꼬리 끝에 연한 검은색의 가장자리 선이 있다. 목에 연한 붉은색으로 둘러서 염주念珠라고 한다. 자단紫段은 자주색 바탕에 흰 꼬리이고 자주색 한 단一緞이라고 말한다. 검은층黔隱層은 검은 바탕에 꼬리와 정강이가 희다. 가슴에 있는 흰 점을 전錢이라 한다. 검은색은 일 층一層이라고 말한다. (중략) 자허두紫虛頭는 머리부터 목, 가슴까지 자주색이고 등부터 날개, 꼬리까지 흰색이다. 흑허두黑虛頭는 머리부터 목, 가슴까지 검은색이고 등부터 날개, 꼬리까지 흰색이다."

이 글은 이규경의 『오주연문장전산고』에 실린 〈발합변증설鵓鴿辨證說〉의 일부다. 중국 장조張潮의 『단궤총서檀几叢書』에 〈발합경鵓鴿經〉이 있는 것처럼 조선에도 유득공의 『발합경鵓鴿經』이 있다고 밝히면서 그 내용을 실었는데, 비둘기 중에서 상품上品에 해당하는 8종류를 설명해 놓았다. 이 내용은 성해응成海應의 『난실담총蘭室譚叢』에도 〈비둘기 [鵓鳩]〉라는 제목으로 인용되기도 했다.

유득공은 집에서 키우는 비둘기 중 귀한 품종을 8개로 정리하고 그 특징을 설명했고 하품下品이라고 해서 그 아래 품종을 15종류로 정리해 모두 23종의 집비둘기의 특징을 밝혀 놓았다. 또 크기와 색깔의 위치까지 세밀하게 따져서 품종을 구분했다. "한쪽 눈이 푸르고 한쪽 눈이 노란 것은 기격奇格이 된다. 눈동자의 한쪽 반이 검고, 한쪽 반이 노란 것은 아주 드물다"라는 설명을 보니 그때도 홍채 이색증虹彩異色症인 오드아이odd-eye를 귀하게 여겼던 모양이다. 오드아이 강아지나 오드아이 고양이는 봤지만, 오드아이 비둘기라니….

비둘기마다 각각 이름도 있고 색깔과 품종 등을 정밀하게 따지는 것을 보니 지금 품종견이나 품종묘 키우는 것과 다를 게 없어 보인다. 역시 이 정도면 비둘기로 사치한 것이라고 할 수 있겠다.

비둘기의 종류가 이렇게 많았고 다양한 품종이 있었다는데 그 많은 품종 비둘기는 다 어디 갔을까? 지금 시내에서 비둘기를 보고 반가워할 사람은 그리 많지 않다. 천덕꾸러기가 되어 조류독감이 유행할 때면 먹이도 주지 말라는 없어져야 할 해로운 새가 되었는데, 비둘기 입장에서는 조선 후기로 돌아가고 싶을 것이다. 그러나 비둘기라고 다 환영받은 것은 아니니, 결국 품종 비둘기가 아니라면, 그 품종 중에서도 특히 최고로 치는 종류가 아니라면 어차피 구박을 받을테니 현실에 순응하며 살아야 할지도 모르겠다.

> "인가에 들어가 알록달록한 비둘기들이 지붕 꼭대기에 줄지어 앉아 있는 것을 보면 문득 주인의 품위가 열 길 아래로 떨어지는 것을 알게 된다."

조선 후기의 문인이며 유득공의 이종사촌인 이옥李鈺은 알록달록한 비둘기들을 보면서 그 집 주인의 품위가 한참 아래로 떨어진다고 비판했다. 비둘기에게 죄가 있어서는 아니다. 그 비둘기를 키우며 사치하는 것을 비판한 것이다. 비둘기는 시각을 알려주지도 못하고, 제사상에도 오르지 못하는데, 비둘기가 사는 새장을 보면 기둥에 산 모양을 새겨 넣고 수초 그림을 그려 넣고 구리철사로 망을 만들어서 새장 하나 값이 수천 전씩이나 한다고 했다.

조선 후기의 그림 〈태평성시도太平城市圖〉를 보면 아파트처럼 몇 층짜리로 만들어진 비둘기장을 볼 수 있다. 비둘기 새장을 합각鴿閣이라고 하는데, 가장 사치스러운 것이 여덟 칸짜리 비둘기 새장인 용대장龍隊藏이라고 한다. 비둘기 값도 귀한 품종은 무척 비싸서 8종의 비둘기를 사서 8층짜리

〈태평성시도〉(부분)
©국립중앙박물관

새장에 넣어 기르는 것은 최고의 사치였던 것이다.

조선 후기에 갑자기 비둘기 키우기가 유행했다면, 그 전에는 비둘기를 키우지 않았을까? 태조 때도 궁궐 안에서 비둘기를 키웠던 모양이다. 선왕先王이 기르던 비둘기가 궁 안에 있어 왕王이 항상 애완愛玩하였는데, 비둘기도 희귀한 새이므로 기르지 말라는 신하의 부탁에 비둘기를 버렸다

는 기록이 『동사강목東史綱目』에 있다. 또 양녕대군의 외손인 송당松堂 박영朴
英이 큰 부자였는데, 17세에 직접 요동까지 가서 비둘기와 할미새를 사왔
다는 기록이 『기재잡기寄齋雜記』에 나온다. 돈만 있어서 되는 일이 아니라
직접 가서 사올 만큼의 열정도 필요한 일이었다.

옛날 중국에서 노인들이 쓰는 지팡이 중에는 비둘기 모양을 한 것이 있
다. 박물관에서 자주 볼 수 있는데, 비둘기 지팡이에 대한 유래가 있다.
한고조漢高祖가 항우項羽와 싸우다가 패하여 숲속에 숨었는데 항우가 추격
해 왔다. 한고조가 발각되기 직전에 비둘기가 숲 위에서 울어 항우의 군
사가 사람이 없다고 생각해서 지나가는 바람에 한고조가 목숨을 구했다
고 한다. 그래서 한고조가 즉위한 후에 비둘기 모양의 지팡이 구장鳩杖을
만들어서 노인들에게 주었다는 이야기도 있다.
한漢나라 때는 나이 70이 되어 벼슬에서 물러나면 옥장玉杖을 주는데, 그
손잡이 끝을 비둘기 모양으로 꾸몄다. 왜냐하면 비둘기는 목이 메지 않
는 새이기 때문에 소화력이 떨어지는 노인도 체하지 말고 소화를 잘 시
켜 장수하라는 의미가 있기 때문이라고 한다.
당나라 때 시인 장구령張九齡이 비둘기 발에 편지를 묶어 전했는데, 아무리
먼 곳이라도 날아가 전했기 때문에 날아가는 노비라는 뜻으로 '비노飛奴'
라 불렀다. 장수를 기원하고 소식을 전하는 비둘기는 부를 과시하고 사
치하는 것으로 바뀌었고 지금은 도시의 천덕꾸러기가 되어 버렸다. 서
울에 비둘기가 많은 이유가 조선 후기 선비들 탓일까?

조선 후기에 선비들은 비둘기 말고도 사랑한 새가 있으니 바로 앵무새다. 지금도 앵무새는 애완용으로 키우고 있으니 이상할 것은 없다.

"낙서洛瑞 이서구李書九가 푸른 앵무새를 얻었는데, 지혜로울 듯하다가도 지혜로워지지 않고 깨우칠 듯하다가도 깨우쳐지지 않기에, 새장 앞으로 가서 눈물을 흘리며, '네가 말을 못하면 까마귀와 무엇이 다르냐. 네 말을 알아들을 수 없으니 나야말로 동이東夷로구나' 하니, 갑자기 앵무새의 총기가 트였다. 이에 『녹앵무경綠鸚鵡經』을 짓고 나에게 그 서문을 청해 왔다."

연암 박지원이 이서구에게 써준 〈녹앵무경서綠鸚鵡經序〉의 앞부분이다. 앵무새는 사람 말을 따라하는 특기를 가졌다. 그런데 앵무새가 말을 못하고 있으니 답답했을 것이다. 까마귀와 다를 게 뭐가 있겠냐면서 이서구는 눈물을 흘리며 슬퍼했는데, 중국에서 데려온 앵무새라 중국어를 하니 조선의 말을 못하는 게 당연한 것이라며 이 상황을 받아들이기도 했다. 이서구는 북경에서 초록색 앵무새를 한 마리를 가지고 와서 새장에서 기르며 관찰하고 앵무새에 관한 여러 기록을 모아 「녹앵무경綠鸚鵡經」을 썼다. 앵무새 박사가 된 셈이다. 〈불리비조편不離飛鳥編〉이라는 다른 이름으로 그 내용의 일부가 이규경李圭景의 〈오주연문장전산고五洲衍文長箋散稿〉 '앵무변증설鸚鵡辨證說'에도 전하고 있다.

탐닉
넷

꽃보다
선비

추운 겨울이 지나고 생명이 피어나는 봄을 알리는 대표적인 것이 꽃이다.
꽃이 가장 많이 피는 계절은 봄이 아닌 여름이라고 하지만,
꽃은 곧 봄을 상징한다. 가을과 겨울의 시기를 지나 처음으로 생명과 활기,
아름다움을 보여주기 때문일 것이다. 꽃을 좋아하지 않을 사람이 누가 있을까?
아름다움을 추구하고 즐기는 마음, 그 당연한 것을 조선시대 선비들도 충분히
즐겼을까? 선비들의 꽃을 대하는 마음은 지금과 어떻게 달랐을까.

"주돈이周敦頤가 '모란牧丹은 꽃 중에 부귀富貴한 꽃이다' 하였으니, 이는 눈을 가장 기쁘게 하기 때문이다. 내가 보기에 모란은 쉽게 지는 것이다. 아침에 풍성하고 아름답게 피었다가 저녁에는 시드니, 부귀는 유지하기 어려운 것에 비유할 수 있다. 모양은 비록 화려하지만 냄새가 나빠서 가까이 할 수 없으니, 부귀를 참으로 기릴 수 없다는 것에 비유할 수 있다."

이 글은 조선시대 실학자인 이익李瀷이 『성호사설星湖僿說』에 〈모란牧丹〉이라는 제목으로 쓴 것이다. 중국 송나라 학자 주돈이가 모란을 꽃 중에서

모란

부귀한 꽃이라고 했다지만, 이익은 모란이 쉽게 시들고 냄새가 나빠 가까이 할 수 없으니, 부귀라는 것 또한 가까이 할 수 없다는 것을 알게 해준다며 그다지 모란을 가까이하지 않으려는 뜻을 보였다.

모란은 중국에서 꽃 중의 왕이라고 칭송받으며 오래 사랑받아온 꽃이다. 당나라 때는 부귀를 상징하는 꽃으로 불리면서 모란이 피는 철이면 줄지어 꽃을 사갔다고 한다. 송나라 문인 구양수歐陽脩는 〈낙양모란기洛陽牧丹記〉에서 "모란에 이르러서는 굳이 꽃이름을 말하지 않고 바로 꽃이라고 한다. 그 뜻은 천하의 진정한 꽃은 오직 모란뿐이기 때문이다"라고 할 만큼 찬양했다. 동양 문화권에서 꽃의 대명사는 바로 모란이었다.

그러나 이익은 다른 견해를 나타냈다. 중국뿐만 아니라 우리나라에서도 병풍이며 이불, 혼례복 등에 그려질 만큼 오래 사랑받았던 모란을 이익은 왜 나쁘게 평가했을까. 이익은 이 글의 뒷부분에 꿀을 만드는 벌조차도 모란 꽃송이는 쳐다보지도 않는다고 하면서 〈영봉시詠蜂詩〉를 지었다.

모란꽃 위에 어찌 이르지 않는가   牧丹花上何曾到

꽃 중에 부귀^{富貴}의 이름을 피하는 것이네   應避花中富貴名

꽃을 따라다니는 벌도 모란을 피하니 그 이유는 모란이 부귀를 상징하기 때문이라고 한다. 모란이 내내 사랑받다가 조선시대에 부귀화라는 이름 때문에 꺼려지는 꽃이 된 것이다. 유교 사회에서는 부귀영화보다 아취와 고절을 숭상하는 태도가 선비들 사이에서 의미있기 때문이다. 그래서 모란보다는 매화나 국화, 연꽃처럼 선비 정신을 잘 나타내는 꽃을 좋아했다. 꽃을 좋아하는 데에도 의미를 찾은 것이다.

모란만 이런 취급을 당한 것은 아니다. 송순^{宋純}은 "도리^{桃李}야, 꽃인양 하지 마라"며 복사꽃과 오얏꽃을 폄하했다. 복사꽃은 그 매혹적인 아름다움 때문인지 소인이나 요부^{妖婦}로 취급받기도 했다. 도연명의 〈도화원기^{桃花源記}〉에서 이상향을 상징하는 꽃이며, 유비와 관우 그리고 장비가 의형제를 맺는 도원결의^{桃園結義} 때에도 복사꽃이 함께 했다. 하지만 화려하고 아름다운 모습 속에 아취와 절조를 찾을 수 없는 복사꽃은 조선시대 선비들에게 그다지 사랑받지 못했다.

살구꽃은 또 어떤가. 인류의 스승 공자가 제자들을 가르쳤다는 곳이 행단^{杏壇}이다. 그래서 '행단'은 학문을 닦는 곳이라는 의미로 사용된다. 여기에서 '행^杏'은 살구를 뜻하는 글자다. 한편으로 은행을 뜻하기도 한다는데, 중국의 『한어대사전^{漢語大詞典}』을 펼쳐보면 '杏'에는 은행나무라는 설명은 없다. 아무튼 조선시대 국립대학인 성균관에 공자 행단의 행나무가 살구나무가 아닌 은행나무라고 생각해 은행나무를 심었다고 한다. 그래서 지금도 성균관의 명륜당 앞에는 『지봉유설芝峯類說』에서 "공자가 행단에 앉아 있다고 했는데, 〈사문류취事文類聚〉라는 책을 보니, '행杏은 홍행紅杏이다'라는 구절이 있고, 강희맹의 시에서도 '단 위의 붉은 행화는 반이나 떨어졌다'라고 하였다. 어떤 이는 이것을 은행나무로 의심하는데 그것은 살구나무의 잘못이다"라고 밝히고 있다.

'행杏'이라는 글자가 살구나무를 뜻하는데도 불구하고 굳이 은행나무를 심었다는 것은, 봄날 피는 예쁜 살구꽃이 학문과 어울리지 않는다고 생각해서 배제했기 때문이다. 부귀를 상징하는 화려하고 아름다운 꽃 모란, 봄날 마음을 설레게 할 만큼 예쁘게 피는 복사꽃과 살구꽃은 유교 사회에서 제대로 대우받지 못했다. 그렇다면 조선시대 선비들이 사랑한 꽃은 어떤 것이 있을까?

퇴계 이황이 '저 매화나무에 물 주어라'라고 유언한 것은 유명하다. 평생 매화를 지독하게 사랑했던 퇴계는 생의 마지막 순간까지도 매화 사랑을 멈추지 않았다. 조선시대에 매화를 사랑하지 않은 선비가 있기나 할까. 추운 겨울에 홀로 은은한 향기를 내며 고고하게 피어나는 매화는 고결한 선비의 모습을 대신한다.

꽃들이 다 지고 찬바람이 불기 시작하는 가을에 서리도 두려워하지 않고 피어나는 국화 역시 선비들이 사랑한 꽃이다. 진흙 속에서 피지만 더러움에 물들지 않는 깨끗한 연꽃도 선비들이 사랑했다. 꽃마다 때가 되어 피어나며 각각 그 생태의 속성이 다를 뿐인데, 그것에 특별히 의미를 부여하며 선비들이 사랑했다.

선비들이 꽃을 사랑하는 것은 그 역사가 오래되었지만, 꽃 자체의 아름다움을 감상하거나 즐기고 가꾸는 대상으로 삼는 것은 비판받았다. 완물상지玩物喪志라고 해서 사물에 탐닉하면 의지가 손상된다고 꺼렸기 때문이다. 그래서 꽃을 키우고 사랑하는 데에는 그에 따른 타당한 근거가 있어야 했다.

1474년 강희안姜希顏은 꽃 키우는 방법을 다룬 조선 최초의 전문 화훼서 『양화소록養花小錄』을 저술했다. 중국의 화훼서를 참고하여 지은 책이지만, 강희안이 직접 꽃을 키우며 얻은 살아있는 정보를 담고 있다. 이 책에서 전문적인 꽃 재배법을 다루고 있지만, 꽃에 담긴 성리학적 상징도 함께 이야기하고 있다.

"화훼를 재배할 때는 마음속에 품은 뜻을 확충하거나 덕성을 함양하고자 할 뿐, 운치와 절조가 없는 것은 굳이 완상할 필요도 없다. 울타리나 담장 옆에 아무렇게나 심어두고 가까이하지 말아야 한다. 이는 마치 열사烈士와 비루한 사내가 한방에 섞여 있는 것처럼 품격이 손상되는 것이다."

선비가 꽃을 키우는 이유가 분명히 드러난 글이다. 꽃이란 마음속에 품은 뜻을 키우고 덕성을 함양하기 위한 것일 뿐이니, 운치와 절조 없는 것은 감상할 필요조차 없기에 아무 꽃이나 키울 수 없다고 한다. 이는 마치 비루한 사람과 한 방에 있는 것처럼 피해야 할 일이라고까지 하면서, 강희안이 꽃을 키우는 이유를 설명하고 있다. 선비가 꽃에 탐닉해서는 안 되지만, 운치 있고 절조 있는 꽃들을 키우며 선비로서 덕성을 기르기 위한 것이라는 것을 분명히 밝혀야 혹시 모를 비난을 피할 수 있었기 때문일까.

강희안은 풀 한 포기, 나무 한 그루 같은 작은 것이라도 이치를 탐구하여 근원으로 들어가면 지식이 미친다고 했다. 결국 꽃을 키우고 감상하는 이유가 성리학의 원리를 탐구하는 것과 다를 바 없다는 의미다. 그러다 보니 아무 꽃이나 키울 수 없고, 꽃에 등급을 매겨 선비가 키우고 사랑해야 할 꽃을 정하는 것이다.

중국 송나라 증단백曾端伯은 열 가지 꽃을 골라서 십우十友라 정하고 꽃마다 친구라고 이름을 붙였다. 예를 들어 매화梅花는 맑은 친구인 청우淸友, 국화菊花는 아름다운 친구인 가우佳友, 연꽃은 깨끗한 친구인 정우淨友라고 하면서 열 개의 꽃을 품평했다.

우리나라에서는 『양화소록』의 저자 강희안이 '화목구품花木九品'이라고 하여 꽃과 나무를 9등급으로 나누었다. 18세기의 선비 유박柳璞도 '화목구등품제花木九等品第'라 하여 역시 9등급으로 순서를 매겼다.

강희안과 유박은 1품에 매화, 국화, 연꽃을 꼽았고, 오래 사랑받았던 모란을 2품으로, 복사꽃과 장미는 5품으로 꼽았다. 9품 중에서 장미와 복숭아꽃이 5품에 속하면 중간은 차지한 셈이다. 화려한 장미와 복사꽃이 5품을 차지한 데는 그 나름의 이유가 있다.

"을유년 여름에는 예문관이 삼관三館을 모아 삼청동三淸洞에서 술을 마셨는데, 학유學諭 김근金根이 몹시 취하여 집으로 돌아가다가 검상檢詳 이극기李克基를 길에서 만났는데, '교우交友는 어디서 오는 길이기에 이렇게 취하였느냐'고 묻자, '장미薔薇를 먹고 온다'고 대답하니, 듣는 이들이 모두 냉소冷笑하였다."

성현成俔의 『용재총화慵齋叢話』에 나오는 이야기다. 술을 잔뜩 마시고 취한 선비가 장미를 먹고 온다고 했는데, 여기에서 장미를 먹고 온다는 것은 장미음薔薇飮을 말한다. 이 책의 뒷 부분에는 신입 관원이 관사의 선배들에게 술자리를 마련해 인사하는 신은례新恩禮에 대한 설명이 나온다. 봄에 교서관校書館에서 하는 것을 홍도음紅桃飮이라 하고, 초여름에 예문관藝文館에서 하는 것을 장미음薔薇飮이라 하며, 여름에 성균관에서 하는 것을 벽송음碧松飮이라 한다고 설명하고 있다.

교서관을 상징하는 것이 복사꽃이고 예문관을 상징하는 것이 장미라서 이렇게 부른 것이다. 신입 신고식뿐만 아니라 왕이 3년에 한 번씩 교서관, 예문관, 성균관에 술을 내리는데, 이때 모여서 마시는 것이기도 하다. 홍도연, 장미연, 벽송연이라고도 하는데, 초봄에 복사꽃이 피고, 초

여름에 장미꽃이 필 때 술을 마시며 시를 짓고 꽃을 감상하던 것이다. 『조선왕조실록』 태종 2년(1402) 2월 28일 기사를 보면 임금이 선비의 아취를 중하게 여긴 까닭에 술을 내려 잔치를 하게 해주었다고 한다.

꽃이 아름답게 피는 계절마다 그 꽃을 감상하며 글을 짓고 술을 한 잔 마시는 모습이 무척이나 멋있게 느껴진다. 고려의 선비 이승휴李承休가 지은 글을 보면 예문관 뜰 가운데 장미나무 한 그루가 있는데, 줄기와 둥치가 무성해 마치 일산日傘을 편 것 같아 꽃이 흐드러지게 피면 반드시 모여서 술을 마시고 감상했다고 설명하고 있다. 그러나 조선시대에는 장미연이나 홍도연에 대한 기록이 그리 많지 않다. 매화가 피면 매화나무 아래에서 술을 마시고 글을 짓는 매화음梅花飮에 대한 기록이 차고 넘치는 것과 달리.

어쨌거나 옛 선비들은 꽃에 그 나름대로 등급을 정하여 꽃을 감상하고 사랑했다. 부귀를 좋아하던 시절에는 부귀화 모란을 좋아했고, 선비 정신을 높이 평가하는 시절에는 군자로 상징되는 매화나 국화, 연꽃을 사랑했다. 지금이야 꽃에 등급을 매기는 일이 없을 것 같지만, 시대에 따라 좋아하는 꽃의 기준은 있다. 꽃의 아름다움 자체를 사랑하기도 하고, 꽃의 성질과 생태를 사랑하기도 한다. 조선시대에도 그 기준은 조금씩 변화했다.

선비의 소울메이트

"집이 가난하여 더러 끼니를 잇지 못하였다. 하루는 어떤 사람이 매화 한 그루를 파는데 아주 기이한 것이었다. 돈이 없어 그것을 사지 못하 다가 때마침 그림을 그려달라며 돈 3천을 보내주는 자가 있었다. 이 에 그중에서 2천을 떼어내어 매화를 사고, 8백으로 술 두어 말을 사 서 매화음梅花飮을 마련하고, 나머지 2백으로 쌀과 땔나무를 사니 하 루의 계책도 못 되었다."

끼니도 거를 만큼 가난한 화가가 그림값 3천을 선불로 받아서 그중에 2 천으로 매화를 사고, 나머지 천 중에서 8백으로 술을 사서 매화음을 즐기고, 겨우 2백으로 쌀과 땔감을 샀지만 하루도 버티지 못했다. 3천 중에서 2천 8백을 매화에 소비한 셈이다. 대책 없는 사람인 것 같지만, 한편으로는 매화에 쏟아 붓는 사랑이 멋있기도 하다. 이 주인공은 누구일까? 이 이야기는 조희룡趙熙龍이 『호산외사壺山外史』에서 김홍도의 매화 사랑을 다룬 것이다. 김홍도는 천재 화가로 유명하지만 매화를 사랑했던 사람으로도 유명하다. 조선시대에 유독 매화를 사랑한 선비가 많은 것은 앞에서도 언급했듯이 매화가 가지는 상징성에 있다. 매서운 추위에 어떤 꽃도 피지 못하는 때 홀로 추위를 이기고 피어나 은은한 향기와 고상한 자태를 뽐내는 매화에 반하지 않을 수 있을까.

퇴계를 비롯해 많은 선비들이 유독 매화를 사랑했으며 중국에서도 오랫동안 문인들의 사랑을 받은 꽃이 매화다. 특히 문인들이 매화를 사랑한 데는 그 기원이 있다. 중국 진晉나라 무제武帝의 뜰에 매화나무가 있었는데, 무제가 학문에 힘쓰면 매화가 활짝 피고, 반대로 공부를 하지 않으면 매화가 피지 않았다고 한다. 그래서 얻은 이름이 호문목好文木이다. 글을 좋아하는 나무라는 뜻이다. 그러니 문인들이 매화를 더욱 좋아할 수밖에 없었을 것 같다.

조선시대 매화 중에는 이름을 얻은 매화도 있다. 그중에 유명한 것이 월사매月沙梅다. 월사月沙 이정귀李廷龜가 1616년 사신으로 북경에 갔다가 중국 문인 웅화熊化를 만나 바둑 내기를 해 얻어온 홍매화다. 이 매화는 홑겹의 홍매화로 중국에서도 귀한 품종이며 당시 중국의 신종神宗 황제가 직접 감

매화

상하던 매화인데, 웅화가 글을 잘 지어 황제에게 상으로 받은 것이라 그 가치가 더욱 높았다. 이정귀와 웅화는 외교 관계로 인연을 맺은 후 오랜 기간 우정을 이어온 사이로 웅화가 기꺼이 황제에게서 얻은 매화를 이정 귀에게 선물로 준 것이다. 이 매화는 북경 황실의 정원인 곤명원昆明園에 서 재배되던 것이며 악록선인蕚綠仙人이라는 이름으로도 불렸다고 한다.

이정귀는 이 매화를 조선에 가지고 와서 심었고 소문을 들은 조선의 선 비들은 서로 얻으려고 했다. 이 매화에 이정귀의 호 '월사月沙'를 붙여 '월 사매月沙梅'라고 불렀다. 『신증동국여지승람新增東國輿地勝覽』에 보면 "이정귀의 집은 연화방에 있다. 사당 앞에 단엽홍매單葉紅梅가 있는데, 곧 중국인이 공에게 선사한 것이다. 우리나라에서 홍매화가 단엽인 것은 이 한 그루뿐이다"라고 소개하고 있다.

월사매는 조선 후기까지 유명해 문인들 사이에서 접붙이며 계속 전파되었고 명나라의 홍매화라서 '대명홍大明紅', '대명매大明梅'라는 이름으로도 불렸다. 1885년에는 고종이 경무대에서 진사 생원 합격자들을 모아놓고 시험 문제를 낼 때 친히 '대명매'를 주제로 글을 지으라 명하기도 했을 만큼 오래 사랑받았던 유명한 매화다.

월사매는 지금 경기도 포천에 있는 월사 이정귀의 사당에 심어져 있다고 한다. 이덕무의 『이목구심서耳目口心書』에는 "금중禁中 대보단大報壇 앞에 꽃이 있으니 또한 대명홍大明紅이라고 부른다"라고 하니 어쩌면 지금도 창덕궁 안에 있는 대보단에 월사매가 남아있을지 모르겠다. 대보단은 지금 일반인에게 공개되지 않는 곳인데 예전에 일 때문에 대보단에 들어간 적이 있어 월사매의 흔적을 찾아보려 했지만, 뜨거운 여름날 아주 잠깐 동안만 허락된 시간이라 확인하지 못했다.

우리가 흔히 보는 매화는 몇 종류 되지 않지만, 실제로 매화는 종류가 많다. 매화의 족보인 『매보梅譜』에 다양한 매화가 나와 있는데, 그 종류와 이름이 많지만 우리나라에서 볼 수 없는 중국 매화가 많다. 『매보』에 실린 매화 중에 이름만 매화이고 실제로는 매화가 아닌 것도 있다. 바로 납매蠟梅다. 납매는 섣달을 뜻하는 납월臘月이라는 말 때문에 섣달에 피는 매화라고 알고 있지만, 『매보』에서도 납매를 본래 매화와 다른 품종인데 매화와 같은 시기에 꽃이 피고 향기도 비슷하다고 밝혀 놓았다. 납매의 모양이 벌집과 비슷해서 밀랍蜜蠟의 '납蠟' 자를 써서 납매라고 하는 것이다. 이수광의 〈지봉유설〉에서도 이와 같이 설명하고 있다.

예전에 중국 안휘성에 여행을 갔다가 2월에 납매를 처음 보았다. 꽃이 아주 작고 노란데 멀리에서도 향기가 진했다. 이름이 납매일 뿐, 모양은 매화 모양이 아니었다. 중국 강남 지방에서도 섣달에 피는 꽃이 아니었으니 납월에 피는 매화라는 뜻보다는 벌집을 닮은 매화라는 게 더 신빙성이 있어 보인다.

조선시대 선비가 가장 사랑한 꽃 1위를 꼽으라면 매화일 것이다. 그렇다면 2위는? 아마도 국화가 아닐까. 추위에 굴하지 않고 피어나는 매화와 더불어 찬 서리를 맞으면 피어나는 도도한 오상고절傲霜孤節 국화도 많은 선비들의 사랑을 받았다.

"자연에 묻혀 사는 호사가들은 국화를 군자에 비견하곤 한다. 그들의 설명에 따르면 계절이 바뀌어 초목이 시들게 될 때 홀로 찬란하게 피어나 바람과 이슬을 꿋꿋하게 견디니 숨어사는 선비의 절개에 견줄 만하다. 적막하고 매우 춥더라도 도를 즐기는 넉넉함은 그 즐거움을 바꾸지 않는다."

중국 송나라의 범석호范石湖가 지은 국화의 족보 『국보菊譜』의 서문에 나오는 글이다. 국화는 은일화隱逸花라고 해서 숨어사는 선비를 상징한다. 국화를 사랑했던 사람들 중에 한 사람만 꼽으라면 단연 진晉나라의 도연명陶淵明이다. 주돈이周敦頤는 〈애련설愛蓮說〉에서 진나라의 도연명이 유독 국화를 사랑했다는 말로 시작해 국화를 사랑하는 것을 도연명 이후에는 들은 바가 드물다고 했다. 도연명이 은둔생활을 했기 때문에 도연명과 은둔, 그리고 국화가 한 세트가 되어 국화는 숨어사는 선비의 아이콘이 되어 오랫동안 사랑받은 것이다.

중국 위魏나라 종회鍾會는 〈국화부菊花賦〉에서, 국화의 다섯 가지 아름다움을 이렇게 말했다. "높게 달린 둥근 꽃은 하늘의 지극함을 나타내고, 순수한 노란색은 대지의 빛깔을 나타내며, 일찍 심어 늦게 꽃을 피움은 군자의 덕을 뜻하고, 서리맞고 나서 꽃을 피우는 것은 굳세고 곧음을 알려준다. 국화주는 몸을 가볍게 하니 신선의 음식이다."

국화는 노란색을 최고로 치는데, 노란색이 땅을 의미하며 중앙을 뜻하기 때문이다. 사람들이 모란을 화왕花王이라고만 부르고 모란이라고 하지 않는 것처럼 국화를 황화黃花라고만 부르는 것은 국화를 진기하게 생각했기 때문이라고 한다.

국화는 고귀한 절개를 상징하는 것 외에도 몸을 가볍게 하는 신선의 음식이라고 했는데, 한편 국화는 장수를 나타내기도 한다. 중국 남양南陽 역현酈縣에 국담菊潭이라는 샘이 있는데, 이 샘물을 마시는 남양 사람이 모두 장수했다고 한다. 이 샘물은 국화밭을 지나온다고 해서 남양국수南陽菊水라고 부른다는 내용이 송나라 사정지史正志의 『국보』 서문에 나온다. 국화밭을 지나온 물인데도 사람들의 건강에 도움을 준 모양이다. 그래서 국화를 많이 그려놓은 그림은 고수高壽를 뜻하고, 장수의 뜻을 가진 바위 위에 피어있는 국화 그림은 익수益壽를 상징한다. 화투놀이의 9월에도 국화가 그려져 있는데, 거기에서도 장수의 글자 '수壽'가 있다.

그중 하나는 이름이 은작약이고	一名銀芍藥
그중 하나는 이름이 첩설라인데	一名疊雪羅
빛깔이 모두 눈보다도 더 하얗고	色皆白勝雪
희기는 흰 비단을 자른 것 같네	皎如剪霜紗
그중 하나는 이름이 금기린인데	一曰錦麒麟
황금빛 꽃잎이 또렷또렷하고	的的黃金葩
그중 하나는 이름이 장원홍인데	一曰壯元紅
밝게 빛나 자색 안개 피어나는 듯	焯灼蒸紫霞
또 미인홍이란 게 있는데	又有美人紅
술 취한 미인의 얼굴과 같네	怳若嬌顔酡
금뉴와 은대라는 품종도	金鈕與銀臺
자품이 모두 빼어나니	姿品皆殊科

이 시에 등장하는 은작약銀芍藥 · 첩설라疊雪羅 · 금기린錦麒麟 · 장원홍壯元紅 · 미인홍美人紅 · 금뉴金鈕 · 은대銀臺는 모두 국화의 이름이다. 아마 처음 들어보는 이름일 것이다. 중국에서도 귀한 품종이라고 한다. 이 시는 이정귀가

1604년에 북경으로 사신을 갔다가 돌아오는 길에 사하^{沙河}를 지나다가 유국동^{劉國棟}이라는 중국인의 집에서 본 국화에 대해 쓴 것이다. 이정귀는 그 집 국화가 조선에서는 보지 못한 것이요, 중국에서도 많지 않은 귀한 품종이라 놀라면서 해가 질 때까지 마주 보고 있었다고 한다.

조선 문인들 중에서는 이 국화 이름을 언급한 사람이 없는데, 김정희의 시 〈추일만흥^{秋日晚興}〉에서 '장원홍'이 한번 등장할 뿐이다. 이정귀는 어떻게 지나는 길에 본 국화의 품종을 한 번 보고는 알 수 있었을까? 아마도 국화에 대한 사전 정보가 충분했기 때문에 꽃을 보면 바로 품종을 구분하고 그 특징을 알았을 것이다.

북경에 갔다 온 사신 중에 유몽인은 중국인에게 난초를 선물 받았지만 귀국하는 길에 죽일 게 분명하다며 난초를 가져갈 수 없다고 거부했다. 그러나 이정귀는 분명히 꽃을 피울 수 있다며 자신감을 내보였는데, 국화의 품종을 한 눈에 알아보는 감식안을 갖춘 것은 물론이요, 국화의 재배방법까지도 잘 알고 있었던 것 같다.

"장원서掌苑署가 분재盆栽한 국화를 올리니, 전교하기를, '일전에 상전上殿하는 것 말고는 다른 꽃들을 올리지 말라고 분부했는데, 어찌하여 이 꽃을 올리느냐?' 하니, 정원이 아뢰기를, '승전承傳을 고찰하건대, 지난 무진년 11월에 전교하시기를, '이후로 만약 그 철의 꽃이 아니거든 상전上殿하는 것 말고는 진상하지 말도록 하라' 하셨는데, 그 때의 전지傳旨가 이와 같으므로, 장원서가 필시 국화는 철꽃이라 여겨 진상한 것인가 봅니다' 하니, 전교하기를, '비록 철꽃이더라도 진상하지 말도록 하라' 하였다."

조선 왕실에는 대궐 안에 정원의 꽃과 나무를 관리하는 관청인 장원서掌

苑署가 있었다. 이 글은『조선왕조실록』중종 4년(1509)의 기록으로, 중종이 꽃을 진상하지 말라고 한 내용을 담고 있다. 조선 성종 겨울에 장원서에서 영산홍 화분을 올리자 겨울에 봄꽃을 올리지 못하게 한 적이 있었다. 인위적으로 꽃을 피우는 것이 옳지 않다고 여겼기 때문이다. 이후에 장원서에서는 가을이 되면 국화를 올렸지만 중종은 국화가 가을에 피는 꽃이라 하더라도 올리지 말라고 명령한 것이다. 계절이 바뀌어 가을이 되어서 왕에게 가을을 느끼라고 국화를 올리는 일이 뭐가 잘못된 일일까 생각할 수도 있다. 하지만 왕실에서도 화초를 애호하는 일이 자연의 순리를 거스르는 인위적인 일이 되는 것을 경계하고 화초에 빠져 뜻을 손상할까 걱정한 것이다. 또 곡식을 심을 수 있는 땅에 먹지도 못하고 보고 즐겨야 하는 꽃을 심는 일이 유행한다면 백성들의 삶이 고단해질 것이라 생각했기 때문이기도 하다.

왕실에서도 꽃을 마음놓고 즐기지 못했지만, 임진왜란 이후에 꽃을 대하는 선비들의 태도도 바뀌었다. 당시 명나라에서는 꽃의 종류와 재배하는 방법을 기록한 꽃의 족보인 화보花譜가 많이 출판되었다. 특히 매화, 국화, 난초 등으로 화보의 종류가 세분화되면서 꽃에 대한 서적이 다양

조선 금수저의
슬기로운 일상탐닉

하게 출판되기 시작했다. 명나라의 화훼 서적은 조선에 유입되었고, 시간이 흐르면서 꽃을 있는 그대로 바라보고 감상하여 애호하는 선비들도 나타났다.

"김군이 날쌔게 화원으로 가서 꽃을 주시하고 종일 눈도 깜빡하지 않는다. 꽃 아래에 가만히 누워 손님이 와도 서로 말 한마디도 주고받지 않는다. 그것을 보는 자는 반드시 미치광이거나 바보라고 생각하여 비웃고 욕하는 것이 그치지 않는다. 그러나 그를 비웃는 자는 웃음소리가 끝나기 전에 생의生意가 이미 다할 것이다."

화원에 가서 하루 종일 꽃만 쳐다보고 꽃에 흠뻑 빠진 꽃바보 김군은 꽃 그림책 〈백화보百花譜〉를 그린 김덕형金德亨이다. 그림을 잘 그리고 글 쓰는 솜씨도 뛰어난 김덕형이 그린 꽃 그림책은 인기가 많아 서로 가지고 싶어했다고 한다. 당시에 표암 강세황姜世晃도 김덕형의 그림을 귀하게 여겨 백화첩百花帖을 만들어 보관할 정도였다고 『이향견문록里鄉見聞錄』에서 밝히고 있다.

위의 글은 조선 후기 실학자 박제가朴齊家 김덕형이 만들어낸 〈백화보〉에 서문으로 써 준 것이다. 꽃을 미치도록 사랑해 꽃 그림을 잘 그렸던 김덕형에게 이덕무도 그의 〈매죽풍국梅竹楓菊〉 두 첩에 시를 써주었다. 중인 계급의 서리였던 김덕형의 그림에 많은 선비들이 열광했다고 한다. 18세기에 이르면 선비들이 눈치 보지 않고 꽃을 사랑하는 취미를 드러내기도 했다. 조선 후기에 김덕형을 능가하는 꽃의 아름다움과 매력에 흠뻑 빠진 선비를 꼽으라면『화암수록花菴隨錄』의 저자이자 백화암百花菴의 주인 유박柳璞이 있다. 유박은 벼슬하지 않고 바닷가에 집을 짓고는 10년 동안 화원을 꾸렸다. 온갖 꽃을 다 키우는 암자라는 의미로 집의 이름도 백화암百花菴이라 했다. 또 다른 집의 이름은 꽃에 깃들여 사는 집이라는 뜻으로 우화재寓花齋라고 지었으니 정말 꽃에 탐닉한 사람이라는 것을 짐작할 수 있다.

유박은 기이한 꽃이 있다는 말을 들으면 반드시 그 꽃을 구하고 말았는데, 그의 그런 열정을 잘 알기에 다른 사람들도 기이한 꽃이 있으면 유박의 부탁이 없어도 알아서 구해주기도 했다고 한다. 벼슬하지 않고 시골에 묻혀 사는 선비가 경제적 여유가 있을 턱이 없지만, 그럼에도 불구하고 온갖 진귀한 꽃을 다 가지고 있었으니 경제력보다 아무도 못 말릴 그 열정이 백화암을 완성해낸 것이다. 봄, 여름, 가을, 겨울 사시사철 꽃이 돌아가면서 피어나니 일 년 내내 꽃동산을 이루었을 것이고, 그곳은 지상의 파라다이스였을 것이다.

"기이하고 예스러운 것을 스승으로 삼고, 맑고 고결한 것을 벗 삼으며, 번화하고 화려한 것은 손님을 삼는다. 이 즐거움을 남들에게 양보하려고 해도 사람들은 이것을 버린다. 따라서 나 혼자 즐겨도 금하는 이가 없다. 기쁠 때나 화날 때나, 시름겨울 때나 즐거울 때나, 앉아 있을 때나 누워 있을 때나 언제나 이 화병의 꽃에 의지하면서 내

몸을 잊은 채 늙음이 곧 닥칠 것도 알지 못한다."

유박의 〈화암기〉 마지막 부분이다. 꽃이 가지고 있는 각각의 아름다움을 차별 없이 받아들이며 언제나 즐기다보니 어느새 세월이 훌쩍 지난 것도 알지 못할 정도다. 김덕형이 꽃을 사랑해 그림으로 남겼다면, 유박은 꽃을 사랑해 직접 키우면서 꽃을 품평하는 글을 남겼다. 또한 당대의 유명한 문인 이가환, 이용휴, 채제공, 정범조, 유득공 등과 교류하며 꽃에 대한 글을 받기도 했다. 유득공은 사람의 마음을 운치 있게 만들어주는 것이 꽃이라면서 유박의 집이 비록 초라한 한 채의 띠집이지만 백화암이라 부르기에 충분하다고 예찬했다.

김덕형이나 유박처럼 꽃을 사랑해 꽃 속에 파묻혀 살았던 사람도 있지만, 이들보다 더 꽃을 사랑한 사람이 있다.

"붉고 흰 온갖 꽃들의 품위 있는 빛깔과 고운 향기를 누가 좋아하지 않겠는가. 내가 이를 가장 좋아하지만 봄날 비바람과 함께 꽃이 떠날 것을 두려워하여 처음부터 소유하지 않는다. 세상 사람들의 사랑은 천박한 사랑이요, 나의 사랑은 절실한 사랑이라네. 전지滇池의 남쪽 땅에는 봄만 있고 가을은 없으며, 겨울에도 두견화를 비롯해 금규화, 홍매화, 목향화, 목서화, 수선화 등 오색의 꽃이 피어 사계절이 화려하겠지. 아! 내가 그곳을 고향으로 삼게 된다면 나는 반드시 꽃과 거리를 둔 수풀 아래 집을 짓고 살 것이다."

꽃을 사랑해서 온갖 꽃을 모두 수집하여 키운 사람이 있다면, 반대로 꽃을 사랑해 꽃을 멀리하겠다고 말한 사람도 있다. 바로 이옥李鈺이다. 이 글은 이옥이 지은 〈화설花說〉이다. 봄날 꽃이 피면 사람들이 여기저기 꽃 구경을 다니지만, 자신은 자기집 언덕에서 서울의 봄날 경치를 그저 바라보기만 했다. 꽃을 사랑하는 것으로는 남에게 뒤지지 않지만, 꽃이 피었는데도 꽃을 보러 가지 않았다. 가장 소중하고 좋아하는 것은 잃어버리거나 남에게 뺏길까봐 걱정하는 마음이 생긴다. 그래서 처음부터 그것을 소유하거나 가까이 하지 않겠다고 주장하는 것이다. 가장 사랑하는 꽃이 봄날 비바람과 함께 떠나가버릴까 두렵기 때문에 아예 가까이 하지 않겠다는 이옥. 사랑해서 떠난다는 유행가 가사를 떠올리게 한다. 그래서 이옥은 일 년 내내 따뜻한 중국 운남성의 전지라는 곳을 고향으로 삼아서 일 년 내내 꽃을 볼 수 있게 되더라도 자신은 꽃과 거리를 두고 살겠다고 한다.

예전에 중국 북경 비림碑林에 갔을 때 수많은 왕의 비석이 있었는데, 어떤 왕의 비석에만 아무 글자 없이 텅 비어있었다. 그 이유는 후세에 자랑할 만한 업적이 너무 많아 차라리 쓰지 않고 비워둔다는 의미였다고 했다. 꽃을 너무도 사랑해 꽃과 떨어져 있겠다는 이옥의 꽃 사랑이 더욱 절실하게 느껴진다.

꽃으로 놀아보자

조선시대 선비들은 꽃을 감상하며 술을 마시고 글을 지었다. 이것을 꽃을 감상하는 모임인 상화회賞花會, 또는 꽃을 보는 모임인 간화회看花會라고 했다. 잠깐 피었다 지는 꽃을 놓치면 다시 일 년을 기다려야 하니 꽃 피는 시기에 꽃을 감상하는 것은 의미 있는 일이다. 선비들이 일 년 중 제일 먼저 시작하는 꽃놀이가 있다. 바로 찬 기운이 미처 가시기도 전에 피어나는 매화를 보며 술을 마시고 글을 짓는 것이다. 이것을 매화음梅花飮이라고 한다. 지금도 꽃이 피면 꽃놀이를 한다. 주로 벚꽃놀이를 하지만, 조선시대 선비들은 매화음을 즐겼다. 매화가 필 때 매화를 보면서 술한 잔을 하는 것은 좋아 보이지만, 매화가 질 때까지 매화를 보러 다니는 것은 사실 고단할 것이다.

조선시대 선비들은 꽃구경 하러 가기로 약속을 잡았는데 갑자기 바람이 심하게 불거나 비가 오면 그 약속을 미룰까? 아니면 그럼에도 불구하고 꽃구경을 나갈까?

조선 후기의 문인 권상신權常愼은 〈남고춘약南皋春約〉에서 "빗속에 노는 것은 꽃을 씻어주는 세화역洗花役이요, 안개 속에 노는 것은 꽃에 윤기를 더해주는 윤화역潤花役이요, 바람 속에서 노는 것은 꽃이 떨어지지 않도록 보호하는 호화역護花役"이라고 했다. 비가 오건, 바람이 불건, 안개가 끼건 무조건 꽃이 피어 있다면 꽃을 보러 가야한다는 뜻이다. 그만큼 꽃을 사랑했다는 의미겠다. 예전에 매화를 보러 쌍계사 밑에 있는 매화 농원에 간 적이 있는데, 그날 어찌나 바람이 세차게 불던지 매화구경 온 사람이 거의 없었다. 그때 그 바람을 뚫고 방송사에서 매화를 촬영하러 왔는데, 사람들이 없어 오히려 촬영하기에 좋은 날이라고 했다. 나도 봄날 관광객에 치이지 않고 매화만 실컷 볼 수 있어서 좋았다. 그때 나는 호화역을 몰랐지만, 호화역을 하고 온 셈이다.

권상신은 1784년 3월에 남산에서 친구들과 꽃놀이를 하면서 〈남고춘약〉을 남겼는데, 꽃놀이의 규칙을 정해서 그 약속을 어기면 벌칙을 주기로 했다. 모임에 빠지거나 꽃을 꺾거나 하면 벌칙을 받고, 술 마실 때와 시 지을 때도 규칙을 만들어 즐겁게 놀기로 했다. 그러나 꽃이 피지 않을 때에는 어떻게 놀아야 할까? 꽃이 필 때까지 기다리면 되겠지만, 꽃이 피지 않거나 꽃을 볼 수 없는 밤에도 꽃으로 놀 수 있는 방법은 있다.

"형조판서 경재網齋 신대용申大用이 매화 화분 하나를 나에게 보내주었다. 꽃을 보며 한 잔 마시고 등불을 가져와 꽃을 비추니 빗긴 가지 성긴 그림자가 어른어른 벽에 도장처럼 찍혔다. 경재는 내가 매우 즐거워하는 것을 돌아보고는 연성延城에게 그것을 그려달라고 했다. 연성은 종이를 펼치고 그림자를 따라 그 형세를 그렸다."

매화 화분에 등불을 비춰 벽에 비친 그림자를 감상하며 즐거워하는 모습이다. 게다가 벽의 그림자를 다시 그림으로 그려냈으니 예상 밖의 매화놀이다. 조선 중기의 문인 김안로金安老가 친구 신대용이 보낸 매화 화분으로 매화 그림자놀이를 하면서 즐거워했고, 그 모습을 본 신대용이 김안로의 아들에게 그림을 그리게 했다. 김안로의 아들은 중종의 부마로, 효혜공주孝惠公主의 남편 연성위延城尉 김희金禧다.

친구가 보낸 매화 화분으로 친구와 함께 1차로 꽃 감상을 하고, 술을 한잔 마셨다. 2차로는 등불로 꽃의 그림자놀이를 하고, 3차로 그 그림자를 그림으로까지 완성해 냈으니 매화로 즐길 수 있는 모든 것을 다 한 셈이다. 친구 신대용은 조선시대 문인 신상申鏛인데, 매화 그림자놀이를 한 다음날 완성된 그림을 보내면서 화분에 매화나무가 존재하지만 정신이 옮겨갔으니 김안로가 빈 화분만 붙잡고 있을까 걱정이라고 했다. 참 운치있는 선비들의 꽃놀이다.

꽃 그림자놀이는 촛불이나 등불을 이용해 꽃의 그림자를 즐기는 것이다. 글을 읽다 보면 영화가 없던 그 시절에 영화를 보는 기분이었을 것 같다는 생각이 든다. 중종 때의 문인 김안로가 매화로 그림자놀이를 했다면 국화를 가지고 그림자놀이를 한 선비들도 있었다.

> "옷걸이와 책상 등 산만하고 들쭉날쭉한 물건을 모두 치우고, 국화를 벽에서 떨어지게 두고 간격을 둔 촛불로 국화를 비추었다. 이에 기이한 무늬, 이상한 모양이 홀연히 벽에 가득 찼다. 그중 가까이 있는 것은 꽃과 잎이 서로 겹치고 가지는 질서정연해 묵화墨畫를 펼쳐놓은 것 같다. 그 다음 것은 너울너울한 것이 얇은 깃털 옷을 입고 춤추는 것 같은데 달이 동쪽 고개에 떠오르자 뜰의 나뭇가지가 서쪽 담장에 있는 것 같다."

국화꽃에 촛불을 비쳐 벽에 비친 무늬를 감상하는 국화 그림자놀이의 한 장면이다. 이 글은 다산茶山 정약용丁若鏞이 쓴 〈국영서菊影序〉로, 국화 그림자놀이에 대한 서문이다. 다산은 친구 윤규범尹奎範에게 저녁에 국화 구경을 하자고 했다. 그러자 윤규범은 국화가 아름다워도 밤에 구경할 수 있겠냐며 몸이 아프다고 사양했지만, 다산은 기어이 그를 집으로 데리고 왔다. 그리고 촛불을 국화에 갖다 대면서 기이하지 않냐고 하자, 윤규범은 별로 기이하지 않다며 흥미를 보이지 않았다. 그러자 다산은 본격적으로 국화 그림자놀이를 시작했고, 윤규범은 그 환상적인 놀이를 보며 소리를 지르고 기뻐했다고 한다. 국화 그림자놀이가 뭐라고 흥미 없다며 시큰둥하게 반응했던 친구를 저렇게 변화시켰으니 다산도 기뻤을 것이다.

다산이 쓴 윤규범의 묘지명에도 윤규범이 다산의 집에서 친구들과 즐겁게 국화 그림자놀이를 했던 일화가 나온다. 이 글의 앞에는 다산이 촛불에 비친 국화의 그림자를 사랑하여 매일 밤 벽을 청소하고 등잔불을 켜서 혼자 국화 그림자를 즐긴다는 내용이 나온다. 대학자 다산이 얼마나 국화를 좋아했으면 밤마다 국화와 등불을 들고 벽에 그림자놀이를 하고 있었을까. 그 놀이를 통해 무궁한 상상력을 만들어내지 않았을까.

다산은 집의 뜰 절반에 꽃과 나무를 심고는 오고 가는 종들이 옷자락으로 꽃을 건드리지 않도록 대나무로 울타리를 설치했는데, 그것이 '죽란竹欄'이다. 그래서 그 집의 이름이 죽란서옥竹欄書屋이다. 울타리를 따라 거닐고, 달빛 아래 혼자 술을 마시며 시를 짓기도 하고, 친구들과 즐거운 시간을 보내며 글을 짓는 공간. 다산의 파라다이스였을 것 같다.

김안로가 매화 그림자놀이를 하고 그림자를 그림으로 남기고, 정약용이 국화 그림자놀이를 했다면, 이덕무는 우연히 마주한 국화 그림자에 자신의 감성을 덧붙였다.

"가을날 검은 두건에 흰 겹옷 입고 녹침필緣沈筆을 휘둘러 해어도海魚圖를 평론하는데, 밝고 깨끗하고 흰 납창蠟窓에 국화가 비스듬히 그림자를 만들었다. 먹을 옅게 갈아서 큰 나비 한 쌍이 향기 따라 온 것을 그렸다. 꽃 가운데 선 나비의 수염이 구리선 같아 분명하게 셀 수 있었다. 이어서 더 그리고 또 가지를 잡고 매달린 참새 한 마리를 그렸다. 더욱 기이했으나 놀라 날아갈까봐 급히 그리고 쟁그렁 붓을 던지면서 말했다. '할 수 있는 일은 다했다. 이미 나비를 얻었고 또 참새도 얻었다.'"

이덕무의 〈선귤당농소〉에 실린 글이다. 흰 문종이에 밀랍을 바른 깨끗하고 밝은 창에 마침 국화 그림자가 비쳤다. 얼른 먹을 갈아서 국화 모양을 따라 그림을 그리는데, 꽃 위에 앉은 나비의 모습이 그림자로 나타났다. 국화를 그리고 이어서 나비도 그리는데, 또 참새까지 그릴 수 있었다. 방 안에 앉아서 노란 국화를 보지는 못했지만, 창문에 비치는 국화 그림자 덕분에 나비와 참새까지 얻었다고 좋아하는 이덕무의 모습이 꽃을 즐기는 선비의 아취를 느끼게 한다.

선비들의 꽃으로 놀아보기는 여기에 그치지 않는다. 좀더 기발한 발상으로 진짜 꽃놀이가 무엇인지 보여주기도 한다.

"매화감실 안에 둥근 원을 새겨 장지를 뚫으니 꽃송이가 운모雲母처럼 하얗게 빛나는 모습이 달빛 속에 있는 것 같았다.

서로 문학과 역사를 담론하다가 밤중이 되니 경보畊父가 큰 백자 사발에 깨끗한 물을 가득 채워 문 밖에 두었다. 한참 후에 보니 얼음 두

께가 2푼쯤 되었다. 그 속에 구멍을 뚫어 물을 쏟아버리고 책상 위에
백자 사발을 엎어 놓으니 반짝이는 은빛 병 하나가 만들어졌다. 구멍
난 곳에 초를 넣고 불을 붙이자 붉고 밝은 기운이 환하게 빛나는데,
상쾌함을 다 말할 수 없었다."

이 글은 18세기의 문인 이윤영李胤永이 1749년 겨울에 매화가 피었다는 소
식을 듣고 친구들과 모여 매화를 감상한 것을 기록한 것이다. 〈얼음 등
불을 읊조려 석정石鼎 연구시에 차운하다 [賦氷燈次石鼎聯句詩韻]〉의 서
문에 나오는 글이다.

이윤영이 친구들과 겨울에 매화로 놀아본 것은 두 가지다. 먼저 매화를
넣어둔 감실에 구멍을 내고 투명한 운모로 막은 다음 이를 통해 그 안에
핀 매화를 보았다. 운모를 통해 보이는 매화는 마치 달빛 속에 있는 것처
럼 느껴질 만큼 환상적이었을 것이다. 이것만으로도 운치 있는 매화 놀
이인데, 여기서 그치지 않고 겨울날 한밤중에 백자 사발에 물을 담아 얼
린 다음에 얼음에 구멍을 뚫어 초를 넣고 불을 붙여 빛나는 조명으로 매
화를 감상했다. 얼음에 촛불이 비치며 멋진 조명 도구가 만들어져 매화
가 더욱 황홀하게 보였을 것이다. 그래서 이런 시를 지었다. 이렇게 얼
음에 구멍을 만들어 그 속에 촛불을 넣고 감상하는 것을 '빙등조빈연氷燈
照賓筵'이라고 했다.

겨울에 매화로 놀았다면 여름에는 연꽃으로 놀 수 있다. 이윤영은 1739
년 7월 보름에 서대문 밖 반송방盤松坊에 있는 유명한 못 서지西池에서 친

구들과 연꽃을 감상하고 시를 지었다. 여름날 연꽃 감상하며 시를 짓는 일이야 새삼스러울 것이 없다. 그런데 이윤영은 매우 특별한 연꽃 감상회를 가졌다.

유리잔 촛불 감싸 붉은 연꽃에 옮기고	琉璃擁燭移紅蕚
설탕 계피 타서 연줄기로 마시네	蔗桂和霜飮碧筒
화려한 옷에 옥을 차고 서로 비추니	玉佩華衣相與映
향기 따다 집안에 가득 채우네.	芳菲攬取滿堂中

유리잔으로 촛불을 감싸 붉은 연꽃에 옮겼다고 하는 것은 무슨 소리인가? 이윤영은 막 피려는 연꽃을 꺾어서 연잎에 올리고 유리잔을 꽃 가운데 얹고 유리잔 속에 촛불을 켰다. 물 위에 연잎, 연잎 위에 연꽃, 연꽃 가운데 촛불, 그 위에 유리잔이 있는 상황이다. 유리잔 속의 촛불은 유리잔을 비추고 이 유리잔의 빛은 연꽃을 비추는 것이다.

낮에 연꽃 감상을 하고 밤이 되면 촛불과 유리잔의 화려한 조명으로 새롭게 연꽃을 즐기는 것이다. 그리고 연잎에 술을 부어 줄기로 이어지는 부분에 구멍을 뚫어 술이 줄기로 내려가도록 해서 술을 마신다. 무더운 여름날 선비들의 피서법의 하나인 벽통음碧筒飮이다. 연꽃이 가득 핀 연못에서 친구들과 함께 밤낮으로 연꽃을 즐긴 선비들의 모습.

꽃을 감상하는 방법은 그 아름다운 모습을 바라보고 그 향기를 즐기는 것에서 그치지 않았다. 이덕무는 벌집의 밀납으로 매화 모형을 만들어

윤회매輪回梅라고 이름 붙여 매화를 즐겼다. 꽃의 그림자를 즐기고, 그 그림자를 그림으로 그려내며, 얼음 조명과 유리잔 조명으로 꽃놀이를 즐기는 등 다양한 방법과 도구를 이용해서 환상적이면서 특별한 꽃놀이를 즐겼다.

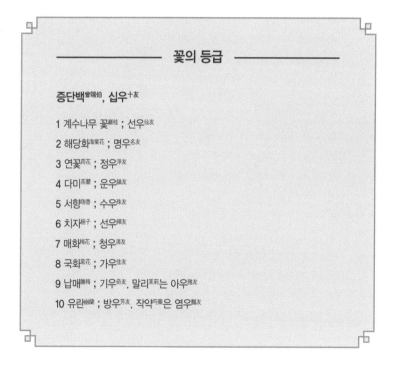

꽃의 등급

증단백曾端伯, 십우十友

1 계수나무 꽃巖桂 ; 선우仙友

2 해당화海棠花 ; 명우名友

3 연꽃荷花 ; 정우淨友

4 다미茶蘼 ; 운우韻友

5 서향瑞香 ; 수우殊友

6 치자梔子 ; 선우禪友

7 매화梅花 ; 청우淸友

8 국화菊花 ; 가우佳友

9 납매臘梅 ; 기우奇友, 말리茉莉는 아우雅友

10 유란幽蘭 ; 방우芳友, 작약芍藥은 염우艶友

강희안, 화목구품花木九品

1품 | 소나무, 대나무, 연꽃, 매화, 국화

2품 | 모란

3품 | 사계, 월계, 왜철쭉, 영산홍, 진송, 석류, 벽오동

4품 | 작약, 서향화瑞香花, 노송, 단풍, 수양, 동백

5품 | 치자, 해당, 장미, 홍도紅桃, 벽도碧桃, 삼색도, 백두견, 파초, 전춘라, 금전화金錢花

6품 | 백일홍, 홍철쭉, 홍두견, 두충

7품 | 배꽃, 살구꽃, 보장화, 정향, 목련

8품 | 촉규화, 산단화山丹花, 옥매, 출장화출장화, 백유화白莄花

9품 | 옥잠화, 불등화佛燈花, 개나리꽃, 초국화, 패랭이꽃, 양귀비, 봉선화, 맨드라미, 무궁화

유박, 화목품제花木品題

1등 | 매화, 국화, 연꽃, 대나무, 소나무

2등 | 모란, 작약, 왜홍倭紅, 해류海榴, 파초

3등 | 치자, 동백, 사계四季, 종려, 만년송萬年松

4등 | 화리樺梨, 소철, 서향화, 포도, 귤

5등 | 석류, 복사꽃, 해당, 장미, 수양버들

6등 | 두견, 살구, 백일홍, 감, 오동

7등 | 배꽃, 정향丁香, 목련, 앵두, 단풍

8등 | 무궁화, 패랭이꽃, 옥잠화, 봉선화, 두충.

9등 | 접시꽃, 전추사剪秋紗, 금전화, 창포, 화양목華楊木

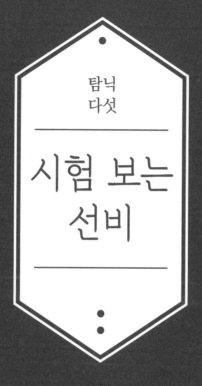

탐닉
다섯

시험 보는
선비

해마다 11월이면 대학입학 시험 때문에 전국의 어머니들이
절이나 교회 등 어디를 가서든 간절하게 기도한다.
대학입학 시험이 인생을 살아가는 데 있어 중요한 한 지점이기 때문이다.
그런데 대학 입시를 무사히 통과했다고 해서
인생이 여유있게 흘러가는 것도 아니다. 또 취업을 위한 시험을 쳐야 한다.
어쩌면 청춘의 시절을 시험을 위해 공부만 하다가 보내는 것 같다.
그러나 현대를 살아가는 사람들뿐만 아니라 조선시대 선비들도
대부분 시험에 인생을 걸었던 것은 마찬가지다.
조선 선비의 시험은 우리와 어떻게 같고 또 달랐을까?

"판서 이석형李石亨은 나이 열넷에 승보시陞補試에서 장원을 하여 명성이 자자하였다. 26세에 생원·진사시와 문과 초시, 다음 해 신유년(1441, 세종23) 대과까지 세 차례의 시험에서 모두 장원을 하였다. 세조가 일찍이 내전에서 공에게 연회를 베풀었는데, 중전이 친히 어의 한 벌을 가져와 하사하고 궁녀에게 명하여 〈삼장원사三壯元詞〉를 지어 노래하면서 술을 권하게 하였다. 이후로 매번 공을 불러 술을 마실 때마다 반드시 〈삼장원사〉를 노래하였다."

이석형은 조선시대 최초로 생원과 진사시 장원, 문과 초시 장원, 대과 장원을 이루어내어 삼장원으로 불렸다. 당시 조선 역사상 전무후무한 사람으로 세조가 이석형을 보기만 하면 궁녀를 시켜 삼장원사三壯元詞를 부르게 했다고 한다. 중전이 직접 어의를 가져다 주고 매번 궁녀에게 삼장원사를 부르게 할 만큼 자랑스러운 인재였던 것이다.

"생원시, 진사시, 문과 초시文科初試에서 모두 1등을 하였고, 다음 해 신유년에 또 삼장三場에서 연달아 1등을 하였으니, 1년에 세 번 장원을 하는 것은 과거제도를 설치한 이래 없던 일이다"는 기록이 『연려실기술』에 나온다.

생원과 진사의 합격자를 궁에서 발표할 때, 생원은 왼쪽 문으로, 진사는 오른쪽 문으로 들어간다. 그 뒤로 각각 합격한 순서대로 따라 들어가는데, 이때 이석형이 생원과 진사의 두 시험에서 모두 장원하는 바람에 서로 자기 편에 세우려고 다투며 서로 끌어 막고 하느라 날이 저물도록 들어가지 못했다. 임금이 이를 듣고 광화문光化門을 열게 하여 장원은 광화문으로, 그 나머지 생원과 진사는 각각 좌우의 문으로 들어오게 했다. 이석형은 오직 임금만 다니는 가운데 길로 궁에 들어간 것이다. 이 이야기는 『연려실기술』에서 『문헌비고』의 글을 인용해 수록해 놓았지만, 내게 한문을 가르쳐주신 이석형의 후손인 노촌 이구영 선생님께서도 자주 말씀해 주신 것이다.

이석형과 함께 과거시험 합격자의 전설로 알려진 사람은 오천 원권의 주인공이자 조선시대의 천재로 널리 알려진 율곡栗谷 이이李珥다. 이석형이 삼장원공이라면 이이는 구도장원공九度壯元公이다. 이이는 1558년 별시에

삼장원사

서 천도책^{天道策}을 지어 장원 급제한 후 모두 아홉 번이나 장원으로 합격하여 아홉 번 장원한 사람이라는 뜻으로 구도장원공^{九度壯元公}이라고 불렸다. 같은 시대를 살았던 『징비록^{懲毖錄}』의 저자 서애^{西厓} 유성룡^{柳成龍}은 율곡이이 때문에 늘 2등을 했다고 하니 아무리 똑똑하고 공부를 열심히 하더라도 장원의 운명은 따로 있는 것인가 보다.

조선의 과거시험은 3년에 한 번씩 실시되는 정기 시험인 식년시^{式年試}와 나라의 경사가 있을 때 실시되는 부정기 시험이 있다. 식년시는 자^子·묘^卯·오^午·유^酉 글자가 들어가는 병자년·을묘년·갑오년·신유년 같은 해를 말하는데 3년에 한 번씩 돌아오고 이때 정기 시험이 치러진다. 과거시험은 기본적으로 3년에 한 번씩 실시되기 때문에 시험에 합격하지 못하면 다시 3년을 기다려야 한다. 몇 번 시험에 실패하면 10년은 훌쩍 지나가 버린다.

그렇지만 부정기 시험이 있어 식년시가 없는 해에도 과거를 볼 기회는 있다. 왕의 즉위나 환갑, 세자 탄생과 혼인 같은 나라의 경사로운 일이 있을 때 갑자기 실시되는데, 증광시增廣試・별시別試・정시庭試・알성시謁聖試・춘당대시春塘臺試 등이 있다. 부정기 시험은 갑자기 실시되는 경우가 대부분이라 서울에서 시험 준비를 하는 사람에게 유리했다고 한다.

과거시험은 아무나 응시할 수 있었을까? 양반만 과거에 응시할 수 있다고 생각하기 쉽지만, 양반과 평민 모두 응시할 자격이 있다. 다만 과거시험 공부를 할 수 있는 능력이 되어야 하니 농사짓느라 바쁜 일반 백성들이 과거에 응시하는 것은 쉽지 않다.

"초시일初試日 개장開場할 때에 김관金寬이라는 자가 대가大駕 앞에 꿇어앉아 말하기를, '신臣은 선주善州 사람입니다. 지금 삼관三館에서 신臣의 조계祖系가 비천卑賤하고 한미寒微하다 하여 쫓아냅니다' 하였다. 임금이 불쌍히 여겨 성균 장무成均掌務를 불러 말하기를, '이 사람의 조계祖系가 만일 양천良賤을 변명辨明할 정도가 아니거든 시험에 응시하게 하라.'"

『조선왕조실록』 태종 8년 2월 8일의 기록이다. 김관이라는 평민이 시험에 응시하려고 했지만, 양반이 아니라는 이유로 응시하지 못하게 하자 임금에게 하소연하여 응시 자격을 얻었다. 나라의 법에 천민이 아니면 응시 자격이 있었지만, 과거시험은 양반들만의 리그였던 것이다. 그렇다면 김관이라는 평민은 과거에 급제했을까? 결론적으로 합격하지 못했다고 하니 안타까운 일이다.

과거시험을 보기 위해서는 자격을 심사해서 응시 원서를 접수해야 하는데 이것을 녹명錄名이라고 한다. 식년시나 증광시의 경우 시험 전에 반드시 녹명을 해야 한다. 수험생은 녹명소에 사조단자四祖單子와 보단자保單子를 제출하는데, 사조단자는 응시자를 비롯해 그 아버지, 할아버지, 외할아버지, 증조부까지 4대의 성명, 본관, 거주지, 관직을 기록한 것이다. 위의 글에서 평민 김관의 "조계祖系가 만일 양천良賤을 변명辨明할 정도가 아니거든"이라고 규정하여 응시 자격을 준 것은 이 때문이다. 아버지는 물론, 할아버지, 외할아버지, 증조할아버지까지 모두 기록한 이유는 동명이인을 구별하기 위한 조치였다고 한다. 시험에 응시하기 위해서는 본인을 확인할 수 있는 신분증명서가 필요한데, 6품 이상의 관리가 서명하고 날인한 보단자保單子를 제출해야 한다. 당시의 신원증명서인 셈이다. 이렇게 시험 응시 준비가 끝나면 마지막으로 준비해야 할 것이 시험지다. 조선시대에 시험을 보려면 본인이 직접 필기도구와 시험지를 마련해야 했다. 대신 전형료는 없다. 시험지는 시험 10일 전에 준비해서 당국에 제출하여 종이의 질과 규격, 그리고 각종 기재 사항을 검증 받아야 한다. 사전에 검인 받은 시험지라야 채점 대상이 되니 부정한 방법으로 답지를 제출하는 것을 방지하는 방법이다. 시험 볼 종이를 시권試券이라고 하는데, 종이는 도련지라고 하는 품질이 낮은 종이를 사용하도록 규정했다. 시험 앞에 누구나 평등하도록, 적어도 돈이 없어서 시험을 보지 못하는 사태를 없애려고 한 것이다.

과거시험은 문과文科 · 무과武科 · 잡과雜科 세 종류가 있다. 문과에 응시하기 위해서는 생원生員이나 진사進士가 되는 시험을 통과해야 한다. 둘 중 하나만 선택하면 되지만, 둘 다 동시에 응시해서 합격하는 경우도 있었다. 이 시험에 통과하는 것을 입격入格이라고 한다. 박생원, 최진사 이런 호칭이 생원시나 진사시를 합격한 사람에게 붙여주는 것이었는데, 나중에는 생원과 진사 시험 합격과 관계없이 그냥 생원이나 진사라는 호칭을 붙이기도 했다. 요즘 '선생님'이라는 호칭을 그냥 붙여주는 것과 같다.

생원이나 진사는 시험 과목이 달랐다. 생원은 사서삼경을 달달 외워서 쓰는 것이고, 진사는 사서삼경을 바탕으로 의견을 진술하는 것이라 생원보다는 진사를 조금 더 윗등급으로 쳐주기도 했다. 생원시生員試와 진사시進士試를 합쳐 소과小科 또는 사마시司馬試라고 한다.

사마시는 두 차례 시험을 치른다. 1차 시험 초시初試는 각 지방에서, 2차 시험 복시覆試는 서울에서 치른다. 2차 시험을 통과하면 합격자 명단에 이름을 올릴 수 있다. 이 합격자 명단을 〈사마방목司馬榜目〉이라고 하는데 지금까지도 전해진다. 그래서 지금도 조선시대의 사마방목을 보면서 당시 합격자가 누구인지 확인할 수 있다.

그렇다면 3년에 한 번 실시되는 과거시험에는 합격생이 얼마나 되었을까? 전국에서 응시하니까 그 규모가 상당했을 것 같지만, 소과에서 200

명 정도를 선발했다. 여기에는 지역할당제가 있어서 전국에서 고루 뽑았지만, 서울, 경상도, 충청과 전라도 순으로 인원이 배정되었다. 이 합격생들은 조선시대 최고의 교육기관인 성균관에 입학하는데, 학비와 숙식비를 내지 않는 장학생이 되어 성균관에서 공부했다. 대과는 초시初試와 복시覆試에서 33명을 선발하고 전시殿試에서는 왕이 등수를 정한다. 그러니 과거시험에 장원을 한다는 것이 얼마나 대단한 일이었는지 알 수 있다.

시험 채점은 어떻게 이루어질까? 부정은 없었을까? 허균은 과거시험에서 조카와 조카사위를 부정 합격시킨 의혹으로 유배를 당했다. 허균은 억울한 누명이라고 했지만, 조금의 혐의가 있는 것만으로도 큰 처벌을 받았다. 동시대를 산 신흠도 별시 전시別試殿試의 독권관讀券官에 임명되었을 때, 아들 신익전申翊全과 손자 신면申冕이 모두 상제上第로 합격되었다는 이유로 탄핵을 받았으니, 조선 중기까지만 해도 과거시험의 부정은 엄격하게 처벌을 받았다.

시험 부정에는 어떤 것이 있을까? 문제를 유출했을까? 누구의 자제라는 이유로 점수를 후하게 준 것일까? 아니면 또 다른 부정한 방법이 있었을까? 과거시험의 채점은 무엇보다 공정하고 정확해야 했다. 수험생은 시험이 끝나면 답안지를 내는데, 이 답안지에는 수험생의 인적 사항이 기재되어 있다. 그러나 채점하는 사람이 볼 수 없도록 했다. 시험지의 윗부분에 인적 사항을 기록하는데, 그것이 보이지 않도록 실이나 철끈으로 궤매어 채점자에게 전달하였다. 그래서 채점하는 동안 누구인지, 누구의 아들인지, 누구의 손자인지 이런 인적 사항을 모른 채 공정하게 평가하도록 한 것이다.

인적 사항을 가리는 방법은 몇 가지가 있다. 먼저 호명법糊名法이라고 해서 이름 위에 종이를 붙여 가리는 것인데, 채점하다가 종이를 슬쩍 들추면 볼 수 있다는 단점이 있다. 그래서 더 강력한 방법으로 등장한 것이 봉미법封彌法이다. 응시자의 인적 사항이 기록된 부분을 서너 번 돌돌 말아서 접은 다음에 실로 궤매어 채점자가 볼 수 없도록 한 것이다.

문과 시험에서는 채점이 끝날 때까지 분리해서 보관하는데 이를 할봉割封이라고 한다. 이 정도면 완벽하다 싶겠지만 그럼에도 불구하고 이것을 살살 뜯어서 보고는 다시 궤매놓는 방법도 썼다고 한다. 부정의 방법은 끝이 없다. 누구네 아들, 누구네 조카, 누구네 손자 이런 식으로 인맥을 통해 부정 합격할 수 없도록 원천봉쇄의 방법을 내놓았지만, 그것도 나중에는 흐지부지되었다.

응시자가 누군지 알 수 없도록 하기 위해 필체를 구분하지 못하게 모든 시험지는 서사인書寫人이 베껴 적었다. 베껴 적는 과정에서 오류가 생길까 봐 원래의 답안과 착오가 없는지 대조하는 관리를 두기도 했다. 이 정도면 굉장히 꼼꼼하게 부정을 방지하고 공평하게 채점하려고 노력한 것이다. 이런 방법이 그대로 잘 지켜지기만 했다면 조선시대의 과거제도는 아무런 문제가 없었을 것이고 능력있는 인재가 잘 등용되었을 테지만, 모든 제도에는 그것을 악용하는 일이 언제나 있었다.

그것만이 내 인생

조선시대 양반은 누구나 과거시험에 응시하려고 했다. 3대에 걸쳐 문과 합격자가 없으면 양반 행세를 하기 어려웠기 때문이다. 그래서 양반의 아들로 태어났다면 죽도록 공부해서 과거시험에 합격하려고 했다. 〈춘향전〉에서도 이도령이 과거시험에 실패했다고 하자 월매가 무척이나 구박하고 춘향이는 죽을 날만을 기다리다가, 이도령이 합격해 어사가 되어 나타나자 모든 고난과 불행이 다 사라지는 것을 보면, 당시 과거 합격이 얼마나 중요했는지 알 수 있다.

조선시대 편지 쓰는 방법을 모아놓은 책을 보면 과거시험 보러가는 사람에게 보내는 편지, 과거시험에 처음 떨어진 사람에게 보내는 편지, 두 번 떨어진 사람에게 보내는 편지, 과거에 합격한 사람에게 보내는 편지, 과거에 장원한 사람에게 보내는 편지 등 과거시험에 관련하여 보내는 편지 양식도 무척 다양하다. 그만큼 과거시험이 중요했다는 것을 알 수 있다.

삼일유가 ©국립중앙박물관

과거에 합격하면 급제자에게 합격증을 하사하는 의식을 치르는데 이것을 방방放榜이라고 한다. 합격증은 백패白牌와 홍패紅牌가 있는데, 생원과 진사 시험인 소과小科에 합격하면 백패를 주고, 문과文科의 회시會試에 급제한 사람에게는 홍패를 주었다. 백패는 흰 종이에, 홍패는 붉은 종이에 성적과 등급, 이름을 쓴 교지敎旨이다. 백패보다 홍패가 더 높은 합격증인 것을 알 수 있다. 그래서 집안 대대로 홍패 하나쯤 내려온다면 자랑할 만한 것이다.

합격자를 발표한 뒤에 길일吉日을 택해서 궁중에서 이들에게 홍패·백패와 어사화御賜花, 일산日傘, 술과 과일 등을 하사하고 잔치를 베풀어 주었다. 합격자는 3일 동안 시험관, 선배 급제자, 친척 등을 찾아가 인사하는 삼일유가三日遊街를 했는데, 일종의 합격을 자랑하는 거리 행진이다.

조선 중기의 시인이며 명문장가로 이름을 떨친 백호白湖 임제林悌는 1577년에 대과에 급제하고 그 소식을 알리기 위해 제주도로 갔다. 당시 아버지 임진林晉이 제주목사로 근무 중이었기 때문이다. 조선시대에 제주도에 가는 길은 쉽지 않다. 그럼에도 불구하고 아버지에게 과거 급제 소식을 알리는 것은 무엇보다 중요하고 기쁜 일이었기 때문에 임제는 제주도로 떠난 것이다. 그해 11월부터 다음 해 3월까지 4개월 동안 제주도에 머물며 제주도를 기행한 임제는 제주 기행기 「남명소승南溟小乘」을 남기기도 했다.

"방榜을 걸어서 이름을 부를 때, 선진先進이라는 자가 골목에 들어와서 이름을 연달아 부르면 신은新恩이라는 자는 뒷짐을 지고 나와서 맞이한다. 밀치고 당기며 욕을 보이는데 하늘을 우러러 크게 웃게 하기도 하고, 또는 땅에 엎드려서 엉금엉금 기게도 하며 방게傍蟹 걸음과 부엉이 울음 등 기괴한 형상을 하지 않는 짓이 없다. 끝에 가서는 진한 먹을 붓에 적셔서 먼저 한쪽 눈에 먹칠하여 통령通鈴이라 하고, 다음에 양쪽 눈에 칠하여 쌍령雙鈴이라 하며, 코에 칠하고 입에 칠하고 눈썹과 수염에 칠한 다음 많은 사람에게 조리 돌려서 웃음거리를 제공한다. 이에 온 얼굴에 칠해서 먹돼지라 부르며, 흰 밀가루를 뿌려서 회시灰尸라고 하는데, 그런 짓을 당하는 자는 영광으로 여기고, 보는 자는 부러워한다."

선진先進은 선배이고 신은新恩은 문과에 새로 급제한 사람을 말한다. 선배가 신은을 부르면 밀치고 당기면서 욕을 보이고 하늘을 보고 크게 웃게 하거나 땅에 엎드려 엉금엉금 기게 하고, 게처럼 옆으로 걷게 하거나 부엉이처럼 기괴하게 웃게도 한다. 과거 합격 신고식이다. 이 신고식의 마무리는 먹을 한쪽 눈에 칠하고 또 양쪽 눈에 칠하고, 그러다가 코에 또 입에 칠하고 눈썹과 수염에 칠한 다음 많은 사람에게 조리 돌려서 웃음거리를 제공한다. 나중에는 얼굴 전체에 먹칠을 하거나 흰 가루를 뿌리는 일, 예전 졸업식 때 교복에 밀가루를 뿌리던 일을 떠올리게 한다.

위의 글은 정약용의 『경세유표經世遺表』에 실린 글인데, 당시 행해지던 과거 합격의 신고식에 대해 부정적인 견해를 나타냈다. 어찌 덕행을 행하고 문학하는 선비가 부엉이 울음소리를 내려고 하겠느냐며 비판했다. 가문의 영광인 홍패를 받기 위해 선비들은 어릴 때부터 공부에 몰두할 수밖에 없었다. 그러나 열심히 공부한다고 모두 과거에 합격할 수는 없다. 3년에 한번 치르는 시험에 33명만 합격하는데 이름을 올리기가 쉬운 일이 아니다. 부정기 시험이 있다고 해도 그 기회는 많은 것이 아니다. 그러다 보니 이 홍패를 위조하는 일도 벌어졌다.

> "김유택金有澤이 왕의 옥쇄를 위조하였다. 병진년(1796, 정조20) 12월에 옥사가 성립되었다. [형조의 계사] 무를 깎아 내어 위전僞箋을 새기고 는 뇌물을 받고 위패僞牌를 준 사실을 포청捕廳에서 자백하였고, 본조의 조사에서 입증되었다."

김유택金有澤이 왕의 옥쇄를 위조한 사건이다. 김유택은 전라남도 강진 출신으로 서울에서 활 만드는 일을 해서 먹고 사는 사람인데 고부古阜에 사는 이종원李宗源의 권유로 과거에 낙방한 박민행朴敏行을 위해 무를 깎아서 왕의 도장을 만들어 홍패紅牌를 위조해 준 사건이다. 이 이야기는 영조와 정조 때 각종 범죄에 대한 심리와 처리를 기록한 판례집인 『심리록審理錄』에 〈서부西部 김유택金有澤의 옥사〉라는 제목으로 기록되어 있다.

이 책에서 홍패 위조 사건을 찾아보면 상당히 많다. 서울뿐만 아니라 지방에서도 있었다. 합격증을 위조해서 집안에 놓고 자랑할 수도 있지만, 가짜 합격증으로 작은 벼슬을 하기도 하는 등 여러 가지 문제가 많았다. 예나 지금이나 이런 위조 사건은 끊이지 않는다. 조선시대에 무나 밀랍으로 위조했다고 하지만 요즘은 컴퓨터로 쉽게 위조해 부정한 방법으로 합격하기도 한다. 인생을 걸고 열심히 노력한 사람들에게 허탈감을 안겨주는 괘씸한 일이다.

"석종石汀 서유훈徐有薰이 미처 등과하지 않았을 때, 의주에 있는 그의 아버지 소재공簓齋公이 거울 하나를 싸서 보내면서 '장원랑은 열어 보라'라고 썼다. 석종은 봉한 것을 풀어 보지 않고 깊이 간직하면서 말하기를, '장원하는 날 열어 보겠다' 하였다. 그래서 10년 동안 다른 거울을 비춰 보지 않았고, 정유년(1837, 헌종3) 정시庭試에 장원하고서야 비로소 봉한 것을 풀어 거울을 보았으니, 그의 굳은 작심은 아무나 미칠 수 없는 것이다."

장원랑壯元郞은 장원한 사람을 뜻하는 말이니 서유훈의 아버지가 아들의 장원 급제를 기원하며 거울을 보낸 것이다. 서유훈은 10년 동안 다른 거울을 보지도 않으며 노력한 결과 장원 급제를 하고 나서야 아버지가 보낸 거울을 꺼내 보았다니, 장원 급제하겠다는 의지가 얼마나 대단했는지 알 수 있다. 이 이야기는 『임하필기林下筆記』에 〈장원랑의 거울〉이라는 제목으로 전해진다.

선비들은 과거에 합격하기 위해 열심히 공부하는 것은 물론이요, 합격에 좋다는 온갖 방법을 다 동원하기도 하고, 혹시나 합격에 걸림돌이 되는 것도 피했다. 낙지를 낙제絡蹄라고 표기하는데, 과거 낙제落第와 발음이 같다는 이유로 과거시험에 임해서는 먹지도 않았다고 한다. 또 게를 뜻하는 글자 '해蟹' 자에 풀다는 뜻인 해解 글자가 들어가 있기 때문에 게도 먹지 않았다고 하니, 마치 요즘에 시험날 미끄러질까 봐 미역국을 먹지 않는다는 것과 같다.

과거시험 보러 서울에 가다가 본의 아니게 해외여행을 한 경우도 있다. 제주도 선비 장한철張漢喆은 1770년 과거시험을 보기 위해 제주에서 출발했다가 풍랑을 만나 지금의 오키나와인 유구국流球國에 도착했다. 그곳에서 왜구를 만나 겨우 목숨을 건진 후에 일본으로 가는 상선商船을 만나 한양으로 가는 길에 또 태풍을 만나 과거시험이 끝난 후에야 도착했다. 장한철은 1771년 5월 초에 집으로 돌아와 자신이 겪었던 이야기를 기록해 『표해록漂海錄』으로 남겼다.

과거시험을 포기할 수 없었던 장한철은 다시 과거시험을 보러 갔고 드디어 합격해 벼슬에 올랐다. 향시에서 장원을 했던 장래가 촉망되는 젊은 선비의 과거 도전은 그 어떤 고난도 막지 못했다.

과거시험 보러 가다가 죽을 뻔한 사건 말고도 평생을 과거시험에 매달린 사람도 있었다. 박문규朴文逵는 상업으로 많은 재산을 모았지만 방탕하게 생활하느라 가산을 탕진했다. 나이 40에 공부를 시작해서 고시古詩 만 수를 외우고, 근체시近體詩를 잘 지어 청淸나라의 문인 동문환董文煥에게 극찬을 받았다. 1887년에 개성별시開城別試 문과에 급제하여 명으로 병조 참지에 등용되니, 이때 그의 나이 83세로 최고령 과거 급제자가 되었다. 조선시대에 83세까지 장수하는 것도 쉽지 않은데 그 나이에 젊은이들도 하기 어려운 과거 급제를 했으니 정말 대단한 일이다. 고종은 그의 노익장에 감동을 받아 고속 승진을 시켜줬다고 한다. 하지만 박문규는 과거시험에 합격하고 1년이 지나서 세상을 떠나고 말았다. 과거 급제의 영광을 1년 밖에 누리지 못해 아쉽다고 생각할 수도 있지만, 죽기 전에라도 꿈을 이루었으니 다행이라고 하겠다.

최고령 과거 합격자가 고종 때 박문규라면, 최연소 과거 합격자는 누구일까? 5살에 문장을 지어 신동이라고 불렸던 이건창李建昌이다. 1866년에 15세의 나이로 별시문과別試文科에 급제했지만 너무 어린 나이라 4년 후인 19세가 되어서야 홍문관직에 나아갔다. 최고령과 최연소 합격자가 모두 고종 때 나왔다.

"아버지는 경인년(1770) 감시監試에 응시하여 초종장初終場에 모두 장원을 하셨다. 방이 붙던 날 저녁, 임금께서는 아버지에게 침전으로 들라는 특명을 내리시고, 지신사知申事로 하여금 시험 답안지를 읽게 하셨다. 임금께서는 손으로 책상을 두드리며 장단을 맞추어가며 들으셨다. 그리고 나서 크게 격려하는 말씀을 해주셨다.

아버지는 회시會試에 응시하지 않으려 하셨는데, 꼭 응시해야 한다고 권하는 친구들이 많았다. 그래서 억지로 시험장에 들어가긴 했으나, 답안지를 내지 않고 나오셨다. 식견 있는 사람들은 이 사실을 전해 듣고는 모두 '구차하게 벼슬하려 하지 않으니 옛날 사람의 풍모가 있다고' 고 하였다."

감시監試는 진사와 생원을 뽑는 사마시司馬試의 다른 이름이다. 1차 시험에서 장원으로 합격하고 왕의 특별한 격려까지 받은 인재가 2차 시험에서 답안지를 내지 않고 나왔는데, 안타까워하기 보다는 구차하게 벼슬하지 않으려는 옛사람의 풍모가 있다고 칭찬을 하다니.

이 글은 박종채朴宗采가 아버지를 회고하면서 쓴 〈과정록過庭錄〉의 일부로, 1770년 영조 46년 박지원 34세의 일이다. 박종채는 연암 박지원의 아들이다.

박지원의 집안은 서울의 대단한 명문가이다. 영조는 명문가 반남 박씨 집안의 촉망받는 인재 박지원에게 깊은 관심을 가졌다. 더구나 1차 시험 답안지를 보고 2차 시험을 기대하고 격려까지 해주었는데 답안지를 내지 않다니, 도대체 박지원은 왜 그랬던 것일까?

박지원이 2차 시험에서 자리를 박차고 나왔다는 소식을 들은 장인 이보천李輔天은 이때 시골집에 있다가 그 아들인 이재성에게 이렇게 말했다고 한다. "지원이 회시를 보았다고 하여 나는 그다지 기쁘지 않았는데, 시험지를 내지 않았다는 얘기를 들으니 몹시 기쁘구나." 사위가 과거를 포기했다는 말에 기뻐하는 장인. 박지원이 과거를 포기할 만한 이유가 있었을 것이다. 박지원의 아들 박종채는 〈과정록〉에서 박지원이 과거장에서 답안지를 내지 않은 것에 대해 이렇게 말했다.

"아버지가 초시의 초·종初終 두 장場에서 장원을 하신 것은 모두 우연이었으나, 임금님의 극진한 은혜를 입게 되매 그 명성이 더욱 높아졌다. 그래서 당시 시험을 주관하는 자들은 아버지를 반드시 회시에 합격시켜 자신의 공으로 삼으려 하였다. 아버지는 이런 분위기에 영합하여 이익을 구하는 것을 경계하여 용감하게 이 같은 결단을 내리신 것이다."

20세 무렵부터 연암은 여느 양반가 자제와 마찬가지로 과거 준비에 몰두했다. 그러나 한편으로 혼탁한 벼슬길에 나서야 할 것인지 몹시 고민했다고 한다. 그래서 박지원을 가르쳤던 장인은 그 뜻을 알고 과거를 포기한 박지원을 응원했던 것이다. 선비가 과거를 포기한다는 것은 벼슬을 포기하는 것이다. 그 쉽지 않은 결심이 한순간에 일어난 것은 아니다. 박지원은 혼탁한 세상에 어떻게 살아야 하나 오래 고민하다가 1771년경 마침내 과거를 포기하고 재야의 선비로서 자신이 선택한 삶을 살아가기로 결심한 것이다.

박지원이 삼청동에 있을 때 손님들이 많이 찾아왔는데, 박지원은 처음에 글을 짓고 벗을 사귀는 일이 즐거워 그러는 줄 알았다가 얼마 지나지 않아 조정의 벼슬아치들이 서로 자기 당파로 끌어들이려 한다는 것을 알게 되었다. 박지원은 이를 불쾌하게 여기고 벼슬길에 뜻을 두지 않았다고 한다. 박지원과 교유한 이덕무는 '과거란 남과 맞서 경쟁하는 일이라 크게 본성을 무너뜨리는 것이니, 문을 닫고 조용히 들어앉아 옛사람들의 글을 읽으며 나의 식견을 넓히는 것만 못하다'고 했다.

박지원보다 앞서 과거 포기자로 유명한 사람이 있다. 조선 중기의 뛰어난 문장가로 유명한 권필權韠이다. 그는 대학자 권근權近의 6대손이며 그의 집안은 학문과 문장이 뛰어난 명문가로, 권필 스스로도 선대의 자취와 가문의 영예를 실추시키지 않겠다고 할 정도였다. 권필은 어려서부터 영특하여 9세에 글을 지을 줄 알았고 당시 문인들이 권필의 시를 100년 이래 없던 명문장이라고 극찬하기도 했다. 1587년 19세에 초시初試에서 장원을 하고, 복시覆試에서도 장원을 했으나 글자 한 자를 잘못 쓴 것이 밝혀져서 합격이 취소되었다. 이후로 다시는 과거시험을 보지 않았다. 초시와 복시에 연이어 합격하는 것도 쉬운 일이 아닌데 연이어 장원을 했음에도 과거시험을 포기했다니 믿기 어려운 일이다.

권필이 과거를 포기한 이유는 1591년 왕세자 책봉을 둘러싸고 일어난 신묘당사辛卯黨事와 관련이 있다. 『조선왕조실록』 광해 4년 4월 기사에 따르면, 권필이 "신묘당사 이후로는 세상일에 뜻이 없어 과거에 나아가지도 않고 산해山海 간을 떠돌며 시와 술로써 스스로 즐겼다"고 했다.

불의를 보고 참지 못하는 강직한 성품 탓에 의롭지 못한 세상에서 굳이 벼슬길에 오르고 싶지 않았던 것이다. 권필은 평생 벼슬하지 않고 꼿꼿하게 살면서 당시의 세도가들에게 비굴하게 굽히지 않았다. 권세가에게 비굴하지 않으려면 그 권력의 내부에 있어서는 안되기에 과거를 포기하고 벼슬길을 포기하지 않았을까.

우리나라 실학의 비조鼻祖로 『반계수록磻溪隨錄』을 집필한 유형원柳馨遠도 과거를 포기했다. 13세에 과거시험을 보지 않기로 결심했는데, 1654년 33

세에 사마시에 합격했다. 과거를 포기했는데, 사마시에 합격하다니 무슨 일일까? 유형원은 과거를 보지 않겠다는 의지가 강했지만, 과거가 가문을 일으키는 데 중요한 역할을 하는 시대였기에 할아버지의 간곡한 부탁으로 어쩔 수 없이 과거시험을 봤다고 한다. 할아버지가 돌아가신 후로 다시는 과거시험을 보지 않았다.

박지원이나 권필, 유형원처럼 스스로 과거를 포기한 경우도 있지만, 어

〈평생도〉ⓒ국립중앙박물관

머니가 아들의 과거를 포기시킨 경우도 있다. 조선 후기의 문인 항해沆瀣 홍길주洪吉周는 서울의 손꼽히는 명문가 풍산 홍씨 집안에서 태어났다. 어머니 영수합令壽閤 서씨徐氏는 명문가 달성 서씨 집안이며 자녀 교육의 대가이기도 하다. 홍길주의 형은 대제학을 지낸 연천淵泉 홍석주洪奭周, 동생은 정조의 사위 홍현주洪顯周다. 그의 집안 자랑을 하자면 끝도 없다. 홍길주는 어릴 때부터 총명한데다 공부하기를 좋아했으며, 1807년(순조 7년) 생원·진사 시험에 합격했으나 1811년 26세의 나이에 과

조선 금수저의
슬기로운 일상탐닉

거를 포기했다.

가문이 지나치게 성대한 것을 염려한 어머니 서씨의 만류가 있었고, 스스로도 당시 과거제도에 대한 회의감이 있었다. 친가와 외가가 모두 대단한 가문이라 그것의 부작용을 걱정한 어머니는 아들에게 과거시험을 보지 말라고 권했다. 홍길주는 높은 벼슬에 나가는 대신 문학에 전념하여 저술 활동에 매진했다.

명문대가의 금수저로 태어나 성장하면서 무엇 하나 부러울 것 없는 삶, 거기에 뛰어난 두뇌와 학문에 대한 열정이 더해져 과거시험에 합격한다면 높은 벼슬은 예약되어 있는 것이나 다름없었다. 그렇지만 홍길주는 과감하게 자신이 원하는 삶을 택했다. 그리고 이렇게 말했다.

"위험한 곳을 만나 멈추는 것은 보통 사람도 할 수 있지만 순탄한 곳을 만나 멈추는 것은 지혜로운 자가 아니면 불가능하다. 그대는 위험한 곳을 만나 멈췄는가? 아니면 순탄한 곳을 만나 멈췄는가? 뜻을 잃고 멈추는 것은 누구나 할 수 있지만 뜻을 얻고 멈추는 것은 군자만이 할 수 있다. 그대는 뜻을 얻고 멈췄는가? 아니면 뜻을 잃은 후에 멈췄는가?"

"문장에 능숙한 자를 거벽^{巨擘}이라 이르고, 글씨에 능숙한 자를 사수<sup>寫
手</sup>라 이르며, 자리·우산·쟁개비^{鎗錍} 따위 기구를 나르는 자를 수종<sup>隨
從</sup>이라 이르며, 수종 중에 천한 자를 노유^{奴儒}라 이르며, 노유 중에 선
봉이 된 자를 선접^{先接}이라 이른다. 붉은 색 짧은 저고리에 고양이 귀
같은 검은 건[儒巾]을 쓰고서, 혹은 어깨에 대나무창을 메기도 하고
혹은 쇠몽둥이를 손에 들기도 하며 혹은 짚자리를 가지기도 하고 혹
은 평상^{平床}을 들기도 한다. 화난 눈알이 겉으로 불거지고 주먹을 어
지럽게 옆으로 휘두르고 고함을 지르면서 먼저 오르는데, 뛰면서 앞을
다투어 과거 글제를 내거는 널빤지 밑으로 달려들고 있으니,"

다산 정약용이 『경세유표經世遺表』에서 과거제에 대한 문제점을 지적하는 내용의 일부분이다. 여기서 알아두어야 할 용어가 있다. 거벽巨擘은 문장을 잘하는 사람이고, 사수寫手는 글씨를 잘 쓰는 사람이며, 수종隨從은 자리와 일산 등을 나르는 사람이다. 수종 중에서 앞장서는 사람이 선접先接인데, 대나무창을 메거나, 쇠몽둥이를 손에 들고 주먹을 휘두르면서 고함을 지르며 달려와 과거 글제를 걸어놓은 판 밑으로 달려든다.

도대체 어떤 현장이길래 이렇게 무시무시하며 험악한 것일까. 아무리 봐도 싸움판 같은 느낌이 들지만, 사실은 과거장의 풍경이다. 과거장에 폭력배가 들이닥친 줄 오해할 수도 있지만, 과거시험이 시작되는 모습이다.

과거시험을 보는데 저런 무시무시한 수종, 노유, 선접 같은 사람이 등장할 필요가 있을까 의아할 것이다. 조선 후기가 되면서 과거에 응시하는 사람이 많아졌다. 그러다 보니 과장의 문이 열리면 앞자리를 차지하기 위해 선접 같은 사람이 달려가는 것이다. 빨리 문제를 보고 빨리 답안을 작성해서 빨리 내야 유리하기 때문에 앞자리를 잡는 것이 굉장히 중요한 일이었다.

그런데 공부만 하던 점잖은 양반 자제가 앞자리를 위해 뛰어갈 수도 없고, 먼저 앞자리를 잡으려는 사람들과 경쟁하며 몸싸움을 할 수도 없다. 그래서 사람을 고용해서 좋은 자리 차지하기 위한 몸싸움이 벌어지는 것이다. 이때 다친 사람들도 다수 등장했다고 하는데, 이런 것을 난장亂場이라고 한다.

"선비로서 과거에 응시하는 자는 대대로 벼슬한 가문의 후예들이 대다수다. 그 선조의 가업을 계승, 급제하여 임금을 섬기려고 하면서, 매번 과거시험에서 시험장에 미리 들어가 좋은 자리를 차지하기 위해 무뢰배들을 모아 다툼을 벌이고 있다. 심지어 시험장에서 행패를 부려 남을 다치게 하는 등, 많은 선비들을 모아 나라의 인재를 뽑는 자리를 불한당들이 행패 부리는 장소로 만들고 있다. 이른바 사대부의 후예라는 자가 그런 무리들과 한 패거리가 되면서도 전혀 부끄러워할 줄을 모르면서 분수와 기강을 범하는 등 못하는 짓이 없는데도, 그들의 부형들은 대수롭지 않게 보면서 금단할 생각을 하지 않고 있다."

『승정원일기』 고종 11년의 기록이다. 과거장에서의 행패가 상상을 초월하고 있다. 과연 저런 상황에서 어떻게 시험을 보았을까 싶다. 저런 무뢰배들을 고용하려면 돈이 많이 필요하다. 그래서 당시 힘 있는 집안에서 사람을 고용해 저런 일을 저지르는 일이 많았다고 한다.

그렇다면 문장을 잘하는 거벽巨擘과 글씨 잘 쓰는 사수寫手는 왜 과거장에 같이 들어갈까? 거벽은 원래 학식이나 전문 분야에서 뛰어난 사람을 가리키는 말인데, 과거 답안지를 대신 써주는 사람을 뜻하는 말이 되었다. 거벽으로 유명한 사람 중에 경남 합천 출신의 유광억柳光億이 있다. 서울에까지 소문이 날 정도였고 돈의 액수에 따라 답안지를 1, 2, 3등에 맞춰서 써주었다는 내용이 이옥의 〈유광억전柳光億傳〉에 나온다. 응시자가 실력이 없어도 거벽을 쓸 돈이 있다면 과거에 급제한다는 말이다.

원래 과장에는 응시하는 사람 혼자만 입장이 가능했다. 신분증 검사도 하고, 어느 집안 누구인지 알 수 없도록 인적 사항도 꼼꼼하게 가렸다. 당연히 책도 가지고 들어갈 수 없었다. 그러나 점점 답안을 작성해줄 문장 잘하는 거벽과 글씨를 잘 써줄 서수와 참고서적을 싸들고 들어갈 하인 등이 함께 입장하게 되었다.

김홍도가 봄날 새벽의 과거시험장을 그린 〈공원춘효도貢院春曉圖〉를 보면 커다란 파라솔 같은 일산日傘 아래에 거벽과 사수와 수종 등등이 한 팀이 되어 과거시험장에 앉아 있다. 과거시험장의 모든 비리를 한눈에 볼

〈공원춘효도〉 ©성호박물관

수 있게 해주는 그림이다. 그것을 보고 있으면 지금도 여전히 진행 중인 일 같다.

다산 정약용은 부잣집 자식은 입에서 아직 비린내가 나고 눈으로는 정자丁字를 모르더라도 거벽의 글을 빌리고 사수의 글씨를 빌려서 그 답안지를 바친다고 한탄했다. 이런 폐단을 해결하려면 응시생의 숫자를 줄여야 한다고 주장했다. 숫자가 정해져 있다면 능력없는 자가 스스로 단념하게 될 것이라고 보았기 때문이다.

박제가는 〈북학의北學議〉에서 응시생이 백배가 넘고 술 파는 장사꾼까지 들어와 과거시험장이 전쟁터 같았다고 한탄했다. 과거시험장에서 시험 보는 선비들은 일정하게 간격을 두었지만, 이때는 그런 것도 무의미해졌을 것이다. 책의 내용을 작은 글씨로 베껴서 머리털 속에 감추거나 입속에 넣기도 하고, 콧속이나 붓대에 숨기는 등 부정행위도 많았다고 한다.

정유재란 때 일본에 포로로 잡혀갔다가 돌아온 장수 노인魯認의 〈금계일기錦溪日記〉에도 과거 부정행위에 대해 기록해 놓았다. 당시에 수험생의 몸을 수색하다 책이 나오면 바로 과거를 정지시키고 책은 불태웠기 때문에 작은 글씨로 컨닝페이퍼를 만들어 신발 속이나 옷 속에 넣는 일이 있었다고 한다.

이수광의 〈지봉유설〉에는 감시監試에 응시하는 어떤 수험생이 산립山笠과 옥색玉色의 뜻을 가는 글씨로 써서 콧구멍에 넣고 들어갔으므로, 당시 사람들이 그 콧구멍을 의영고義盈庫라 했다는 내용이 나온다. 의영고는 꿀이

조선 금수저의
슬기로운 일상탐닉

나 기름, 후추 등을 보관하는 창고인데, 글을 쓴 종이가 콧구멍에 들어가 있으니 의義가 가득찬 창고라고 놀린 것이다. 이수광은 과거장에서 금하는 법이 해이해져서 대놓고 책을 가지고 들어가서, 과거시험장이 책가게가 되었다며 한탄했다.

"반수당泮水堂은 바로 과장科場을 열었던 곳입니다. 며칠 전에 반촌泮村에 살고 있는 한 여인이 평상시에 텅비어 있길래 들어가 나물을 캐다가 갑자기 노끈이 땅속에 있는 것을 발견하고 잡아 당겨보니, 그 노끈이 땅속을 통하여 담장 밖으로 나왔었습니다. 그래서 재직齋直 및 다른 관노館奴의 무리들이 가서 보고 땅을 파헤치니 노끈이 들어있는 구멍이 제2대第二臺 밑에 있었는데, 한 가닥의 통로가 평지平地에서 반 자[半尺]쯤 되는 땅속에 있었습니다. 그리고 그 속에 대나무 통筒을 묻고 비늘처럼 죽 이어 구멍을 통하게 한 뒤 다시 기와로 덮어서 20여 간間을 지나 동쪽 담장 밖 벽송정碧松亭가로 나와 있었습니다. 이것은 바로 과장科場에 들어간 유생儒生이 외부 사람에게 제술製述을 빌렸던 곳인 듯한데 더러는 썩어서 상한 것도 있고 더러는 완전한 것도 있으니 요즈음에 새로 묻은 것은 아닌 듯하였습니다."

『조선왕조실록』 숙종 31년 2월 18일의 기록이다. 시험장에서 땅속의 대나무 통을 통해 밖에서 답안지를 묶어서 보내주면 받았던 방법이다. 지금 봐도 놀라운 부정행위의 방법이다. 어떻게 저런 생각을 할 수 있었느지, 정말 절박한 마음이었나 보다. 대나무 통이 심지어 썩어서 상한 것도 있을 정도로 오래된 방법이라는 것이 더 놀랍다. 이 글의 뒤에 이어지는 내용을 보면, 과거시험장에서 부정행위가 오래 되었지만, 대나무 통을 땅속에 묻어 외부에서 답안지를 받아오는 방법은 가장 심하다고 했다. 그래서 앞으로는 과거시험이 열리기 전에 의심가는 곳을 일일이 파헤쳐서 부정행위를 막게 하는 법을 시행하자고 건의하자 왕이 시행하라고 허락했다.

시험의 부정행위 방법은 여러 가지가 있다. 시험관에게 뇌물을 주기도 하고, 남의 답을 베끼기도 하며, 답안지를 바꾸기도 하고, 대리 시험을 보는 등 수법은 다양하고 치밀해졌다. 부정행위가 발각되면 형벌과 함께 정기 시험인 식년시에 응시할 수 없도록 하는 '정거停擧'가 있었다. 합격한 후에 부정이 적발되면 합격을 취소하는 '삭과削科'도 있었다. 부정행위가 심해서 시험 전체의 공정성에 문제가 있으면 시험 전체를 무료화시키는 '파방罷榜'도 있었다.

그런데 과연 이후로 시험장의 부정행위는 멈췄을까? 지금은 어떤가?

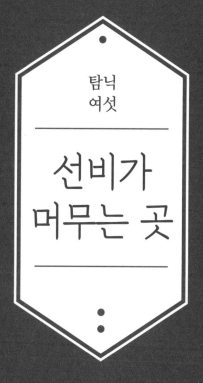

탐닉
여섯

선비가
머무는 곳

내가 사는 곳이 어디냐고 누가 물으면 도로명 주소나 지번을 알려줘야 한다.

대개 동네 이름, 아파트의 동호수나 번지수를 말하기 마련이다.

주소만 보고 거기 사는 사람이 어떤 사람일까 짐작하기 힘들다.

내가 사는 곳은 그저 거주하고 있는 장소일 뿐일까?

조선시대 선비들은 자신이 머무는 곳에 의미를 두어 이름을 붙였다.

자신이 머무는 특별한 공간에 의미있는 이름으로 당호堂號나 실호室號로 삼기도 했다.

현대인들도 가끔 자기 공간에 이름 하나 붙여놓기도 한다.

내가 모시고 공부하는 선생님의 연구실 이름은 익선재益善齋다. 선을 더하는

공간이라는 의미인데, 사실 그 동네가 익선동이기에 동네 이름을

따서 지었지만 의미도 좋아서 그렇게 지은 것이다.

넘침을 경계하라

"일찌기 그 하류에 도랑을 파고 돌로 막아서 물이 가득차면 열어주고 줄면 막아주어 차지도 않고 줄지도 아니하여 늘 물을 고르게 만들어서 진기한 구경거리로 한다. 어느 날 친한 벗이 모여 앉아 거문고 타고 바둑 두며 술을 마시면서 즐기느라 돌을 열어주기를 잊었는데, 물이 문득 가득차며 삽시간에 사초^{莎草}를 적시고 언덕을 묻어서 앉은 자리로 스며들었으니, 손님과 주인이 모두 바쁘게 움직였다. 이로 인해 문벌이 융성하거나, 녹봉과 지위가 높거나, 도덕과 학예가 풍부하고 민첩하거나, 돈과 재물이 부유하여 다른 사람이 가지지 못한 것을 가지면 그 세^勢를 믿어서 가득 모이면 차고 차면 교만하지 않는 자가

드물게 있음을 생각하였는데, 이것이 어찌 나의 연못의 넘침이 경계의
큰 것이 되지 않겠는가."

이 글은 계일정戒溢亭이라는 정자에 대해 쓴 〈계일정기戒溢亭記〉의 일부다.
계일정은 넘치는 것을 경계하는 정자라는 의미를 가지고 있는데, 조선
시대 문인 이석형李石亨의 동산 안에 있던 정자 이름이고 계일정 밑에는
연못이 있었다고 한다. 연못의 아래에 도랑을 파서 물이 가득 차면 돌을
치워서 물길을 열어주고 물이 줄어들면 돌로 막아 물을 가두어 물이 넘
치는 것을 막았다고 한다.

넘치는 것은 연못의 물뿐일까. 말 타면 견마 잡히고 싶다는 말이 있는
것처럼 높은 지위에 오르면 더 높은 곳을 갈망하고 재산이 늘어나면 더
많은 재산을 모으기를 열망한다. 사람의 욕심은 끝이 없고 멈출 수가 없
다. 그래서 이석형은 물이 넘치는 것처럼 문벌과 지위와 학문과 재산 등
을 남들보다 더 가지게 되면 사람은 교만해지기 쉬우니 물이 넘치는 것
을 보면서 스스로 경계해야 한다고 말한 것이다.
이 글은 이석형의 친구인 김수온金守溫이 쓴 것으로, 이석형과 주고받은 내
용을 담았다. 김수온은 삼장원을 하고 지위와 문장과 업적이 무척 높은
이석형이 스스로 부족한 듯이 하는 태도를 보면서 계일정의 넘침을 경계
하는 덕에서 얻은 것이라고 말했다.
그 덕분인지 이석형은 삼장원을 하고 높은 관직에 올라 많은 업적을 쌓

앉지만 화를 입지 않고 잘 살아냈다. 스스로 조심하는 것뿐만 아니라 자손들에게도 부디 청렴하고 검소하게 살 것을 당부하고 또 당부했다고 한다. 지위와 권세가 높아져서 화를 당한 가문의 이야기는 하나 둘이 아니다.

조선 후기의 문인 김수항金壽恒은 "가득한 복은 천도天道가 덜어 내고, 큰 세력과 높은 지위는 사람들이 시기하며, 중한 책임은 허물을 만들고, 높은 명망은 비방을 불러온다"고 했다. 그래서 자식들에게 높은 벼슬하지 말라는 유언을 남기기도 했다. 옛날 사람들은 복도 마음껏 누려서는 안 된다고 했다. 적당히 누리고 남는 것은 남을 위해, 또는 후손을 위해 남겨두어야 한다고 당부했다.

계일정이 있던 자리는 지금 서울대학교 병원 내의 치과병원이 있는 곳인데 그 자리에 조선시대 대학자이자 문인 이석형의 집터라는 작은 표석이 있다. 지금은 병원이 자리하고 있어 그 흔적을 찾아볼 수 없다.

〈연려실기술燃藜室記述〉 세조조고사본말世祖朝故事本末에는 "이석형의 집이 성균관 서쪽에 있어서 시내와 숲이 유수하니 갈건葛巾과 청려장으로 그 가운데에서 휘파람 불며 노래하고 손님이 오면 만류하여 마시니 마치 신선과 같았다. 띠로 이엉을 엮은 정자 몇 칸을 동산 가운데에 짓고 이름을 '계일戒溢'이라 했다"는 내용이 나온다.

계일정이 있던 연못에는 연꽃이 있었는데, 연꽃이 피면 근처에 연꽃 향기가 가득했다고 한다. 그래서 그 동네의 이름도 연건동蓮建洞이 되었다고 하는데, 지금 연건동에는 계일정은 사라지고 없다. 하지만 경기도 용인

계일정

모현동에 가면 연안 이씨의 종가가 있는데, 그 옆에 계일정이 있다. 옮
겨 놓은 것이라고 하는데 사실 연못을 새로 파고 정자를 다시 지은 것이
다. 용인에 있는 계일정은 띠와 이엉으로 소박하게 엮은 지붕 대신 기와
가 멋있게 올라가 있다.

조선 금수저의
슬기로운 일상탐닉

높은 지위와 명예를 다 누리고 살았지만 스스로 넘침을 경계하며 조심하고 살아 화를 입지 않고 그 복이 후손에게 내려가 연안 이씨는 조선조 최고의 명문가로 부상했다. 조선시대 명문가를 대표하는 말이 '연리광김延李光金'이다. 연안 이씨와 광산 김씨를 말한다. 명문가가 되는 기준은 대제학 벼슬에 있다. '열 정승이 대제학 하나만 못하다, 대제학 자리는 영의정과도 바꾸지 않는다'고 할 만큼 최고의 명예를 상징하는 것이 대제학이다. 학문과 문장과 인품을 모두 갖춘 사람만이 대제학 자리에 오를 수 있는데, 조선조 전체에 132명뿐이었다. 대제학은 하고 싶을 때까지 하는 자리이며 후임을 정하는 것도 대제학이 하는 것이다.

연안 이씨 집안은 이정귀에서부터 그 아들 손자에 이르기까지 삼대가 연속으로 대제학 벼슬을 했다. 조선시대 최초의 기록이다. 100여 년이 지난 후 광산 김씨가 3대 연속 대제학을 하면서 조선시대 명문가를 대표하는 '연리광김'이라는 말이 나온 것이다.

이석형은 스스로 넘침을 경계하며 그 복을 후대에 나누어준 것일까? 이석형이 세상을 떠나고 없어도 계일정은 남아 물이 가득 찰 때마다 그 물을 빼면서 후손들에게 넘치지 않도록 경계하라는 가르침을 주었을 것이다.

"처음 도착했을 때는 머물 집이 없어서 계부季父의 농막農幕 두 칸을 빌려 살았다. 하지만 여기도 나의 집안에 딸린 처자와 노비들이 많아 용납할 수 없게 되었는데, 조카 익량朔亮이 재목을 모아 네 칸짜리 집을 지어 거처하게 해 주었다. 다음 해 갑인년 2월에 동양東陽이 열 칸짜리 기와집을 지었는데, 5월 17일 이곳에 옮겨 잠시 몸을 의탁하게 되니, 서울의 고대광실도 부럽지 않은 심정이었다."

이 글의 제목은 〈산중독언山中獨言〉이다. 산속에서 혼자 하는 말이라는 뜻인데 상촌象村 신흠申欽이 1613년 계축옥사癸丑獄事로 인해 김포로 내려간 후

3년 뒤 1616년에 다시 춘천으로 유배 가서 쓴 글이다. 이 글에서 동양東陽은 선조의 딸 정숙옹주貞淑翁主에게 장가들어 동양위東陽尉가 된 신익성申翊聖으로 신흠의 아들이다. 아들이 임금의 사위가 되었음에도 김포의 농막 두 칸을 빌려 살다가 일 년이 지나서 열 칸짜리 집에서 살게 되면서도 서울의 고대광실이 부럽지 않은 이유는 무엇이었을까?

조선시대 한문 4대가의 한 사람인 신흠申欽은 어릴 때부터 문장으로 이름을 알렸으며 일찍 문과에 급제해 승승장구하고 있었다. 1607년에 선조가 승하하면서 신임하던 일곱 명의 신하에게 영창대군의 보필을 부탁하는데, 신흠이 그 일곱 명의 신하인 유교칠신遺敎七臣의 한 사람이 되었다. 선조가 승하하고 왕위에 오른 광해군에게 이 일은 결코 유쾌하지 않았다.

1608년에 신흠이 대사헌大司憲이 되었을 때 임해군臨海君의 옥사獄事가 일어나자 신흠은 계속 사직을 청했고 11월에 대사헌을 사임했지만, 이 과정에서 광해군이 불쾌해했다고 한다.

그러다 1613년에 계축옥사가 일어나고 이에 연루되어 조사를 받았지만 아무런 죄가 밝혀지지 않았다. 그럼에도 불구하고 처벌은 면하게 되었지만, 벼슬을 뺏긴 채 김포로 쫓겨나게 된 것이다. 이때 신흠은 "20년 동안 근신해 온 사람으로서 이런 오명汚名을 입게 되었으니 차라리 혹형을 받고 죽고 싶다"고 했다. 잘나가면 음해하는 세력이 생기기 마련이다. 그런 사실을 잘 알고 있던 신흠은 더욱 조심하며 살았다. 공주를 며느리로 들일 때도 집이 좁고 누추해 나라에서 집을 수리해 주려고 했지만, 예를 행하기에는 충분하다며 기둥 하나도 바꾸지 않고 평생을 청렴하게 살았던 신흠. 특히 아들이 부마가 되고서는 더욱 신중하게 얼음판을 걷듯 했지만, 화를 면할 수는 없었다. 지나칠 정도로 조심하고 청렴하게 살았던 그가 억울하게 관직을 박탈당하고 쫓겨나게 되었으니 차라리 혹형을 받아 죽고 싶다는 마음이 들었을 것이다.

이때 신흠은 서울을 떠나 김포에 있는 농장農場에서 지내며 작은 농막에 어찌 누추하겠느냐는 의미의 '하루암何陋菴'이라는 편액을 걸었다. 다음 해에는 동자산 아래 집을 짓고 실室에는 '감지와坎止窩'라는 편액을 걸었다. 구덩이에 물이 쉬고 있는 상태의 '감지坎止'를 써서 벼슬에서 물러나 쉬고 있는 자신의 상태를 표현한 것이다. 그 집의 당堂에는 마음이 자고 있다는 뜻으로 '수심당睡心堂'이라고 이름했고, 재齋에는 초연한 마음을 나타내는 '초연재超然齋'라고 하고 헌軒에는 '해월헌海月軒'이라 편액을 걸고 각각 거기에 대한 글을 지었다.

"높은 벼슬에 올라 영화롭게 살아도 벼슬 밖에서 초연하고
속박 속에 곤욕을 당해도 속박 가운데서 초연하고
생사에 위협을 느껴도 생사의 갈림길에서 초연하고
초야로 내쫓겨도 초야에서 초연하므로
사물이 얽어매지 못하고 사람들이 훼손하지 못한다.

조선 금수저의
슬기로운 일상탐닉

주어진 천명에 만족하며 즐겁게 지내므로 몸은 어려움 속에 좌절하지만 도^道는 트여 있다.

이것은 옛날 대인^{大人}들의 행실이었는데, 이렇게 해 보려고 힘쓴 자는 이 집 주인 늙은이다."

이 글은 신흠이 초연재를 짓고 쓴 〈초연재설^{超然齋說}〉이다. 신흠은 모든 일에 초연하게 있다면 무엇도 자신을 얽어매지 못하고 훼손하지 못할 것이라 믿고 스스로 어려운 시간을 받아들이며 지내려고 했다. 또 감지정을 짓고 쓴 〈감지정 상량문〉에서도 "현실에 완전히 만족하면 어디에 처한들 무엇이 누추할 것인가"라며 자신의 현실을 부정하거나 탓하지도 않았다. 곤궁한 시절에 책을 읽고 철학하며 유유자적한 삶을 보낸 신흠은 김포에서부터 '방옹^{放翁}'이란 호를 쓰기 시작했다. 쫓겨난 늙은이라는 의미인데 스스로 늙고 병들어 그렇게 부른 것이라고 했다. 신흠은 관직을 박탈당한 후에 김포에서 3년 동안 칩거하고 1616년에 춘천으로 유배되어 5년을 지냈다.

신흠이 쫓겨나 있던 시기에 큰딸이 아버지를 만나러 왔다가 산후 후유증으로 죽고 큰누님마저 세상을 떠났으며 친하게 지내던 친구들이 모두 유배를 갔다. 특히 이웃집에 살며 지기^{知己}로 지낸 이항복^{李恒福}이 유배지에서 세상을 떠나자, 세상에 자기를 알아주는 이가 없음을 슬퍼하며 세상에 대한 뜻이 없어졌다고 고백했다. 그러면서 "서책이라면 보지 않은 것이 없고 서책 이외에는 아무 데도 마음을 쓰지 않았으니 하루 종일 초연하게 지냈으므로 속된 일들이 감히 범접하지 못했다"라고 했다.

이정귀가 신흠의 신도비명에 "맑고 높은 그 명망, 한 시대의 모범이었지. 중간에 화를 당했지만, 고달픈 처지에서 더욱 형통했고, 스스로 시서詩書 즐겨, 명성 크게 떨쳤다오"라고 쓴 것처럼 고달픈 처지에서 오히려 학문을 넓고 깊게 탐구하고 문학에 힘써 이때 가장 왕성하게 저술활동을 했다.

신흠은 찾아오는 선비들을 마다하고 문을 닫고 혼자 지내며 고전을 읽었다. 『주역』, 『장자』, 『노자』 등을 읽고 『황극경세서皇極經世書』을 다시 연구하며 비록 어려운 처지에 있지만, 어떻게 살아야 하는지를 생각했다.

녹음은 뜰 앞에 그림처럼 드리우고 　　　　　綠陰如畵罨庭除

난간 밖 강물빛 푸른 하늘에 일렁이네 　　　檻外江光漾碧虛

얼마나 다행인가 넓고 깊은 임금 은혜 　　　何幸聖恩天海大

유배 갔다 하지만 시골집에 돌아왔네 　　　謫來猶得返田廬

신흠은 산속 깊은 골짜기에 작은 초가집을 하나 엮었다. 여름이면 푸른 녹음綠陰이 사방에 드리우고, 눈에는 멀리 포구浦口가 들어온다. 하루 종일 홀로 앉아 있으면 꾀꼬리들 소리만 들릴 뿐이라 시 한 수를 짓고 시골 생활을 기꺼이 받아들인다. 〈산중독언〉에 나오는 시인데, 한가롭게 그러나 누구도 원망하지 않으며 주어진 상황을 즐기는 모습을 잘 보여

조선 금수저의
슬기로운 일상탐닉

주고 있다.

신흠은 〈산중독언〉에서 김포에서 살게 된 시골집이 운명적으로 정해진 것은 아닌가 생각한다고 말했다. 예전에 지손池孫이라는 천민이 살던 곳이 풍수학風水學적으로 기막히게 좋은 곳이라는 소리를 실컷 들었지만 사지 못했다고 한다. 그러다가 1608년에 지손의 아들이 찾아와서 팔겠다고 하여 샀는데, 갑자기 쫓겨나 살 곳이 없을 때 살게 된 곳이라는 것이다. 풍수적으로 그렇게 좋은 땅인데, 자신이 유배 가서 살아야 하는 곳이 되었다.

하루 종일 해가 드는 곳이 없고, 일 년 내내 비가 오지 않는 것처럼, 길었던 유배가 끝난 후 신흠은 다시 돌아와 영의정까지 오르며 국가의 정무에 힘썼다. 힘든 시간에 자신을 성찰하고 학문에 몰두하면서 학문과 문학의 업적을 이루어낸 신흠. 불운에 좌절하지 않으며 작은 시골집에서 자신을 보살폈기에 억울함을 벗고 제 자리로 돌아갔다. 어쩌면 그 시골집이 정말 풍수적으로 좋았던 것일까.

"산은 높지 않아도 신선이 살면 이름을 얻고

물은 깊지 않아도 용龍이 살면 신령스럽다.

이 누추한 집에는 오직 나의 향기로운 덕이 있을 뿐이다.

훌륭한 선비들과 담소를 나누고, 비천한 자들은 왕래하지 않으며

거문고 연주하고 금경金經을 읽기에 좋다.

음악 소리 귀를 어지럽히지 않고, 관청의 서류에 몸을 괴롭히지 않

는다.

남양 땅 제갈량의 초가집이요, 서촉 땅 양웅揚雄의 정자로다.

공자도 말했지, '군자가 살고 있으니 무슨 누추함이 있겠는가'"

산은 높아야 이름이 있고 물은 깊어야 신령스럽다. 산이 높지 않아도 이름이 있으려면 산에 신령이 살아야 하고, 물이 깊지 않아도 신령스러우려면 물에 용이 살아야 한다. 내가 사는 집은 비록 누추하고 보잘 것 없더라도 덕德의 향기가 가득하니 얼마나 좋은 집인가. 유명한 산과 신령스러운 물을 만드는 힘이 자신에게 있다고 믿었기 때문에 누추한 집은 곧 군자의 집이 된다. 그 유명한 제갈량諸葛亮과 양웅揚雄을 자신과 견주고 공자님의 말씀을 마지막에 붙이면서 더 이상의 이견을 허락하지 않았다. 공자가 "거친 밥을 먹고 물을 마시고 팔을 굽혀서 베더라도 즐거움이 그 가운데 있으니, 의롭지 않으면서 누리는 부귀는 나에게는 뜬구름과 같다." "한 소쿠리의 밥과 한 표주박 물로 누추한 시골에서 지내면 남들은 그 곤궁한 근심을 감당치 못하지만, 안회顔回는 도를 즐기는 마음을 바꾸지 않으니, 어질도다, 안회여"라며 사는 곳의 의미를 말했다.

이 글은 당나라 시인 유우석劉禹錫의 〈누실명陋室銘〉이다. '누실陋室'은 '누추한 집'이라는 뜻이며, '명銘'은 스스로를 경계하거나 남의 공덕을 기리기 위해 짓는 비교적 짧은 글이다. 자신이 사는 누추한 집에 대해 유우석이 지은 글이다.

유우석은 정계에서 밀려나 시골에 내려가 아무것도 할 수 없어졌을 때를 비천한 자들이 들락거리지 않고 산더미 같이 쌓인 관청의 온갖 서류가 자신을 괴롭히지 않아서 좋다고 말한다. 허균도 같은 제목의 〈누실명陋室銘〉을 지어 불우한 삶을 불우하게 여기지 않았다.

대개 집의 이름을 지을 때는 좋은 의미를 붙인다. 아름답거나 덕이 높거나 하는 등의 멋진 수식이 붙게 마련이다. 소박한 것 같은 이름에도 알고 보니 그 의미가 깊고 좋아서 집 주인을 더욱 돋보이게 하는 이름이 많다. 그런데 굳이 집 이름에 누추하다고 대놓고 말할 필요가 있었을까? 그 이유는 그 집에 사는 자신에 대해 너무도 당당했기 때문일 것이다. 누추하다는 말이 무색하도록 더 빛나고 멋진 사람이 살고 있는 곳, 그래서 그곳은 누추할 수가 없는 곳이라는 의미로 누실이라고 한 것이 아닐까. 남들이 보기에는 외형적으로 보잘것없지만 그곳에 자신이 살고 있어 가장 좋은 곳이 되며 빛나는 공간이 된다. 그렇게 만들어내는 능력을 갖고 있다는 자신감에서 〈누실명〉을 지은 것이다.

"낙산駱山 기슭에는 옛날에 유명한 정원이 많았는데 기성 공자箕城公子의 저택이 그중 최고였다. 그윽하게 계곡과 숲의 정취가 있고 드넓게 도읍과 들판의 전망이 있으며, 휘도는 바위, 굽은 섬, 층층의 섬돌, 괴이한 바위, 아름다운 나무, 기이한 화초 등 빼어난 경치가 있어, 이 정원에 들어서면 놀라 정신이 서늘해진다. 이곳은 골짜기의 갈래가 복잡하고 길은 종잡을 수 없어 위치는 비록 도시와 가까워도 마치 속세에서 멀리 벗어난 별천지 같다."

낙산은 종로구 대학로에 있는 뒤편 산이다. 높지 않은 나즈막한 낙산 주변에는 이름난 선비들이 많이 살았다. 그러다 보니 낙산 주변에 유명한

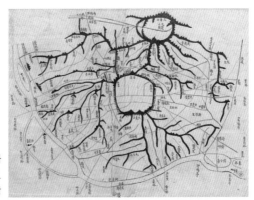

정원도 많았던 모양이다. 정취가 있고 전망이 좋으며 경치가 빼어나 비
록 시내 한복판에 있어도 속세를 벗어난 별천지와 같은 곳. 이곳에 집을
짓고 사는 사람은 선조의 증손 낭원군^{朗原君} 이간^{李偘}이다.

이렇게 아름다운 집도 임진왜란을 겪은 뒤에 모두 폐허가 되어버렸다.
그러나 나무와 연못은 옛 모습 그대로 남았으며 오히려 더욱 아름다워진
듯 했다고 한다. 이것을 두고 하늘이 아끼고 귀신이 보살펴서 인간 세상
에 빼어난 경치를 남겨둔 것이라고 하는데, 이간은 옛날의 거창한 누각
들을 죄다 버리고 그중 가장 경치가 빼어난 곳을 골라 집 한 채를 지었
다. 그리고 이름을 최락당^{最樂堂}이라고 했다. 집이 완공되자 경치는 더욱
빼어나게 되었다고 한다.

아름다운 경치에 지어진 집 한 채를 두고 이정귀는 이간과 함께 대화를
한다. 이정귀가 "집 이름은 무슨 뜻입니까? 공의 즐거움이 무엇인지 듣

고 싶습니다"라고 물었다. 집 이름은 '최고로 즐거운 집'이라는 뜻인데 집 주인의 즐거움이 무엇인지, 최고로 즐거운 것이 무엇인지 묻는 것이다. 집 주인은 무엇이라고 대답했을까? 돈이 많아 편하게 사는 것, 맛있는 것을 많이 먹는 것, 좋은 옷을 마음대로 입는 것, 높은 자리에 올라 권력을 휘두르는 것…, 이렇게 세속적인 즐거움을 말했을까?

경치가 아름다운 곳이라 사계절의 경치에 대해서도 먼저 묻자 이간은 즐거움은 마음에서 얻어지는 것이라야 의미가 있다고 대답했다. 반가운 손님과 술 마시며 음악을 즐기는 것이 즐거운 것이냐고 묻자 자득自得하는 즐거움은 아니라고 대답했다. 그러면서 후한後漢 광무제光武帝의 여덟 째 아들인 유창劉蒼의 즐거움을 말했다. 학문을 좋아하고 지혜로웠던 유창은 집에 있으면서 가장 즐거운 것으로 선善을 행하는 것을 꼽았다. 이간도 유창과 같이 선을 행하는 것이 가장 즐거운 것이라고 말하는 것이다.

왕실의 종척宗戚 중신重臣으로 부귀한 집안에서 태어난 금수저 이간은 인간 세상의 근심과 곤욕이 있는 줄 모르고 자랐다. 세속적인 사치와 안락과 교만을 즐겨도 되지만, 오히려 선善을 행하려는 노력을 평생의 가장 큰 즐거움으로 삼으니, 이정귀는 이에 감명을 받고 최락당에 대한 글을 써주었는데, 바로 위의 글 〈최락당기崔樂堂記〉다.

맹자孟子는 어진 사람이라야 이것을 즐길 수 있지 어질지 못한 사람은 비록 연못과 누각과 새와 짐승을 가지고 있더라도 즐길 수 없다고 했다. 아름다운 공간에서 살아가면서 최고로 즐기는 것이 선을 행하는 것이라고 말하는 이간에게 어울리는 말이다.

허균의 조카 허친許親이 자신의 서실書室을 짓고 편액을 '통곡헌慟哭軒'이라
고 달았다. 사람들이 모두 크게 비웃었다. 세상에 즐거울 일이 얼마나 많
은데 왜 통곡이라는 것으로 집의 편액을 삼았을까? 더구나 통곡이라면
부모를 잃은 자식이나 사랑하는 이를 잃은 부녀자가 하는 것인데, 그 듣
기 싫은 소리를 왜 사는 곳에다 걸어놓는 것일까? 통곡헌에 대해 사람
들이 이렇게 물었다.

"나는 시속의 기호를 위배한 자다. 시류가 기쁨을 즐기므로 나는 슬
 픔을 좋아하고, 세속의 사람들이 흔쾌해하므로 나는 근심해 마지않

는다. 심지어 부귀영화도 세상이 좋아하지만, 나는 몸을 더럽히는 것처럼 생각하고 내버린다. 오직 빈천하고 검약한 것을 본받아 이에 처하며, 반드시 일마다 어긋나고자 한다. 그래서 세상이 항상 가장 싫어하는 것을 택하다 보면 통곡보다 더한 것이 없기에, 나는 그것으로써 내 집의 편액을 삼는 것이다."

사람들의 질문에 허친은 이렇게 대답했다. 시대의 반항아 허균의 조카답다. 이 말을 듣고 허균은 통곡하는 데도 도道가 있는 것이니, 이별에 상심하고 억울한 마음을 품으며 하찮은 일로 통곡하는 것은 아니라고 했다. 오늘날의 시대는 더욱 말세이고 나라의 일은 날로 나빠지고 선비들의 행실도 갈수록 야박해져서 역사의 훌륭한 군자가 지금 시대를 본다면 통곡할 겨를도 없어서 모두 투신자살을 할 정도일 거라고 한다. 그래서 조카가 서실의 편액을 통곡이라 한 것도 이해할 수 있으니 그 통곡을 비웃지 않는 것이 좋겠다고 말한 것이다. 그러면서 허균은 조카를 위해 〈통곡헌기慟哭軒記〉를 지어 주었다.

예나 지금이나 자신이 살고 있던 시대를 말세라고 생각하는 것은 마찬가지인가 보다. 허균이 살았던 시대는 임진왜란에다가 당쟁이 극심했던 시기라 더 통곡하고 싶었는지도 모르겠다. 통곡이라도 할 수 있는 공간에서 시대를 걱정하며 살았다면 그나마 다행인 것일까.

"나의 벗 권자범權子汎이 이 고을 수령이 된 지 3년 만에 그 객사의 서쪽

조선 금수저의
슬기로운 일상탐닉

에 있던 집을 새롭게 하여 헌함軒檻을 만들고는 나에게 기문을 부탁하였다. 내가 자범子汎에게 말하기를, '이름부터 먼저하고 기문을 쓰는 것이 어떨까. 치헌癡軒이라고 이름을 하면 어떨까' 하였더니, 자범이 치癡자의 뜻을 묻기에 나는 웃으면서 대답하지 않았다."

집의 이름을 어리석을 치癡 자를 써서 치헌癡軒이라고 하다니, 어리석은 집이라는 뜻인가? 치헌이라고 집 이름을 지어준 사람은 탁영濯纓 김일손金馹孫이다. 김일손이 왜 집에 어리석다는 뜻을 붙인 것일까? 새로 집을 지은 것이 아니라 헌 집을 수리했으니 졸렬한 자의 노릇도 하지 않았고, 노는 일손을 부려서 백성을 괴롭히지도 않았고, 도리어 마음만 수고롭게 했으니 어리석은 것이라고 이유를 설명했다.

수령이 되었다고 좋은 집에 살고 싶어 새로 집을 짓느라 백성을 괴롭히고 재물을 낭비하며 새 집을 자랑하는 것이 아니라, 수령이 된 지 3년이나 지나서 헌 집을 수리하고 백성들을 부려먹지 않으려고 마음을 썼으니 그것이 어리석다는 것이다.

그러자 권자범이 "어리석음으로써 나를 조롱하는 것은 괜찮지만 나의 어리석음으로써 이 집을 욕되게 하는 것은 옳지 않다"고 말했다. 자신을 어리석다고 조롱하는 것은 참을 수 있지만 자신 때문에 집을 욕되게 하는 것은 못 참겠다는 뜻이다.

어리석음이란 뭘까? 당나라 두위竇威가 책만 보고 독서만 좋아하니 그의 형들이 그를 책바보, 곧 서치書癡라고 했다. 당나라 문인 유종원柳宗元이 좌

천되었을 때 그 고을에 있는 염계濂溪라는 시내를 보고 어리석을 우愚라는 글자를 넣어 우계愚溪라고 이름을 바꿨다. 그리고는 〈우계시서愚溪詩序〉를 지었다. 공자는 가장 아끼는 제자 안회顏回를 가리켜 "내가 종일토록 데리고 말하면 조금도 의견이 어김이 없어 어리석은 것 같다"고 했다. 위衛나라 영무자甯武子는 나라에 도道가 있으면 지혜롭고, 나라에 도가 없으면 어리석은 척한다고 했다. 이 정도 예만 들어도 어리석은 것이 그렇게 나빠 보이지 않는다.

권자범은 세상의 교묘함을 싫어하기 때문에 자신은 어리석음을 지키려고 하는 것인데, 만약 경지에 이르기 전에 어리석음이 흩어져 버릴까 두렵다고 하니, 김일손이 웃으면서 "그대는 참 어리석은 사람이야"라고 했다.

치헌癡軒은 충청북도 제천에 있다. 모두 잘난 척만 하고 남들보다 더 많이 갖고 더 높이 올라가기 위해 부정한 수단과 방법도 마다하지 않는 세상에서 진정한 어리석음의 의미를 깨우쳐 줄 수 있다면 좋겠다.

그대에게 묻노니 집 지어 무엇 하려는가	問君結屋欲奚爲
부지런히 고생하니 그 뜻을 알겠네	勞苦辛勤意可知
장차 서쪽 시냇가로 오가면서	聊且往來西澗上
십 년 동안 함께 이곳의 승경을 감상하세	十年同賞此中奇

물이 떨어지는 모습이 아름답다는 수락산에 오르면 산 입구에 서계西溪 박

세당朴世堂이 머물던 곳을 볼 수 있다. 병자호란과 당쟁의 혼돈 속에서 벼슬을 버리고 수락산에 들어가 학문을 하고 제자를 키웠다. 위의 시는 제자들이 찾아오기 시작하자 시냇가에 집을 짓고 제자 최창익崔昌翼과 이명세李命世에게 지어 준 것이다.

집을 지어 무엇 하려는지 집 짓는 의미를 묻고는 10년 동안 같이 공부하자고 권한다. 그러면서 학문이란 물 모으듯 쌓아야 한다는 것과 문장을 짓는 일은 비단 짜는 것과 같다는 것을 강조하였다. 박세당은 여러 벼슬에 제수되었지만 모두 마다하고 산에 은거하며 제자들을 가르치다가 51세에 관란정觀瀾亭과 궤산정簣山亭을 지었다.

이 정자는 제자들과 공부하는 곳으로 삼아 박세당이 이름 지었다고 한다. 궤산은 "아홉 길의 산을 쌓아올리는데 마지막의 한 삼태기가 모자라서 그동안 쌓은 공이 헛되이 된다 [爲山九仞功虧一簣]"는 뜻으로 『서경書經』여오편旅獒篇에 나오는 글에서 만든 이름이다. 박세당이 제자들에게 마지막 흙 한 삼태기가 모자라지 않도록 끝까지 최선을 다하라는 교훈을 주기 위한 것이다. 지금도 수락산에 가면 궤산정이 남아있다. 허름하고 작은 정자지만, 평생을 학자로서 쉬지 않고 학문하며 제자들을 길러낸 대학자 박세당의 뜻이 아직도 전해오는 것 같다.

야사를 중심으로 만든 역사서 『연려실기술燃藜室記述』의 저자 이긍익李肯翊의 서재 이름은 연려실燃藜室이다. 연려실에는 어떤 의미가 있을까? 연려실은 한漢나라 학자 유향劉向이 글을 교정할 때 신선이 명아주 지팡이에 불을 붙여 비추어 주었다는 고사 유향연려劉向燃藜에서 유래하였다.

유향劉向이 궁중 도서관인 천록각天祿閣에서 고서를 교감校勘하던 어느 날 늦은 밤에 누런 옷을 입고 푸른 명아주 지팡이를 든 노인이 오더니 명아주 지팡이에 입김을 불어 불을 붙여 환하게 해주었다. 이 노인이 태일선인太一仙人이라고 한다. 이긍익은 역사서의 이름을 『연려실기술燃藜室記述』이라고 정한 것에 대해 이 책의 〈의례義例〉에 이렇게 밝혀 놓았다.

"내가 젊었을 때, 일찍이 유향劉向이 옛글을 교정할 적에, 태일선인太一仙人이 푸른 명아주 지팡이에 불을 붙여 비춰 주던 고사를 사모하여, 아버지께서 직접 써주신 '연려실燃藜室' 세 글자 받아 서실의 벽에 붙여두고 그것을 각판하려다가 미처 못하였다. 친구 간에 전하기를, '그것이 선군의 글씨 중에서도 가장 잘된 글씨라 하여 서로 다투어 베껴 가서 각판을 한 이도 많았고, 그것으로 자기의 호를 삼은 이도 있다' 하니, 또한 우스운 일이다. 이 책이 이루어진 뒤에 드디어 『연려실기술』이라 이름 짓는다."

이긍익의 아버지는 유명한 서화가였던 이광사李匡師다. 아버지가 아들의 서재 벽에 직접 써준 집의 이름으로 우리나라의 역사서 이름을 삼은 것이다. 열심히 공부에 매진하는 유향에게 신선이 나타나 그 공부를 돕는 것처럼 이긍익이 조선의 역사를 정리하기 위해 수많은 자료를 수집하고 편찬할 때 그의 서재 연려실은 힘이 되었을 것이다.

"지리地理를 첫째로 생각해야 하고, 생리生利를 둘째로 하며, 그 다음으로 인심人心이요, 마지막으로 산수山水를 보아야 한다. 이 네 가지 중에 하나만 부족하여도 그곳은 살기 좋은 고장이 아니다."

이중환의 지리서 『택리지擇里志』의 첫 번째 나오는 복거卜居 편의 첫 구절이다. 복거는 살 곳을 정하는 것이다. 사람은 어떤 곳에 살아야 할까? 우선 지리가 가장 중요하다. 뒤에 산이 있고 앞에 물이 흐르는 곳. 겨울이면 바람을 막아주고 땔감을 공급하는 산이 있고, 앞에는 물고기도 잡고 물도 사용할 수 있는 강이 있으면 좋다. 방향도 겨울에는 햇볕이 깊이

들어오고 여름이면 해가 높아 시원하게 지낼 수 있도록 남향이면 좋다. 두 번째 조건은 생리生利다. 생리는 생활하면서 이익을 얻을 수 있다는 의미로 생계를 꾸려갈 조건이 충족되어야 한다는 것이다. 농부라면 농사지을 수 있는 땅이 있어야 하고, 어부라면 고기 잡으러 갈 수 있는 곳이 가까이 있어야 한다. 이렇게 생계를 꾸릴 수 있는 곳에 살아야 오래 살 수 있다.

세 번째 조건은 인심人心이다. 함께 살아가는 사람들과의 관계는 중요하다. 더구나 협동이 필요한 농촌 사회에서 이웃에 사는 사람들의 마음이 좋지 못하다면 앞에 말한 두 가지 조건이 아무리 좋아도 의미가 없다. 요즘처럼 이웃 간에 사소한 것으로 분쟁하는 것을 생각한다면 충분히 이해가 간다.

이 정도 조건이면 살기에 충분할 것 같지만, 마지막으로 산수山水가 좋아야 한다는 조건을 내걸었다. 산수가 좋아야 한다면 흔히 경치를 보는 것이라고 생각한다. 요즘으로 치면 전망 좋은 집이 될까? 마지막 조건은 사치일 것 같지만 산수는 매우 중요한 조건이다. 산수를 보며 몸과 마음을 다스리고 수양해야 한다. 그렇지 않으면 사람답게 사는 것이 아니라고 보는 것이다.

사는 조건이 간단해 보여도 따져보면 쉽지만은 않다. 이렇게 옛날 사람들은 사는 곳 하나를 정하는 데도 심사숙고했다. 그렇지만 이 모든 조건을 갖춘 땅을 찾아 집을 짓고 살기가 어디 쉬운가. 산 좋고 물 좋은 곳에 좋은 정자를 만나기 어렵다는 말처럼 하나의 조건을 만족시키면 다른 조건이 부족하게 된다. 그러다 보니 살 곳을 정하는 것은 점점 더 어려워지고 대충 필요한 조건만 맞으면 하나가 부족해도 그저 만족해야 한다.

그런데 이 모든 조건을 완벽하게 갖추고 원하는 위치에 원하는 크기, 원하는 모양대로 마음껏 집을 지을 수도 있다. 가지고 있는 돈이 많지 않아도 괜찮다. 땅값이나 건축비는 생각하지 않아도 된다. 얼마든지 원하는 대로 충분히 지을 수 있는 집이 있다.

"반드시 마음을 비우고 이치를 밝혀야 하므로 문에 들어서면 나오는 뜰을 허백정虛白庭이라 했다. 마음을 비우고 이치를 밝히면 멀어도 살피지 못할 바가 없으므로 뜰을 끼고 있는 마루를 관원헌觀遠軒이라 했다. 비록 멀리 보더라도 지키는 것이 전일해야 하므로 마루에서 나오는 방을 수일재守一齋라 하였다. 지키는 것이 전일해도 생각이 지속되지 않으면 이를 부릴 수 없으므로 협실夾室을 지사료持思寮라 했다. 생각이 정밀해지면 도가 몸에 갖추어져 즐거움이 생기므로 안쪽 문을 요락문聊樂門이라 했다. 마음속에 보존된 것을 충분히 즐기면 군자는 반드시 밖으로 뿜어져 나오는 아름다운 색채를 가지게 된다."

허백정虛白亭, 관원헌觀遠軒, 수일재守一齋, 지사료持思寮, 요락문聊樂門에 대한 설명이 이어지고 있다. 이 설명만으로도 이 집이 대단한 규모를 가지고 있을 것 같다. 원하는 대로 원하는 곳에 방이며 정자며 문을 세웠다. 이 뒤로도 이어지는 설명을 보면 문이 또 나오고 정원이 나오고 빈터도 나온다. 궁궐만큼 커 보인다.

이 글을 쓴 사람은 종로구 재동에 집터를 골라 집을 지었다고 하는데, 이 사람은 조선 후기 문인 홍길주洪吉周다. 이 글의 제목은 〈복거지卜居識〉이다. 홍길주는 얼마나 대단한 부자기에 이런 집을 지었을까.

홍길주의 집안은 명문가 풍산 홍씨다. 오래도록 명문가의 명성을 유지해온 집안이다. 어머니는 명문가 달성 서씨의 영수합 서씨다. 아마 조선 후기 금수저 중에 금수저일 것이다. 그러니 이런 집을 짓는 것이 가능했을까. 선비들은 사치스럽게 살면 안 된다. 그래서 아무리 지위가 높고 재산이 많더라도 사는 곳을 거창하게 짓거나 화려하게 꾸미지 않았다. 그것이 선비의 도리이기 때문이다. 그렇다면 홍길주는 왜 이렇게 어마어마한 집을 지었을까?

이 집은 실제로는 존재하지 않는다. 홍길주의 머릿속에서만 존재하는 집이다. 금수저로 태어났고 총명한 두뇌를 가지고 학문을 좋아했던 홍길주는 과거도 포기하고 숨어서 문학에 전념하며 살았다. 그러면서 머릿속으로 끝없는 상상을 동원해 자신이 살고 싶은 집을 지었다. 그 집은 설명을 보면 알 듯이 그저 크고 화려하기만 한 것이 아니라 선비로서 학문하고 도를 닦는 곳으로 적합하게 만들어졌다.

"덕이 높아도 벗이 없다면 군자는 큰 허물로 생각하니 반드시 벗을 구해서 함께 해야 한다. 그래서 안쪽 집을 아우당我友堂이라고 했다. 이미 벗이 있다면 오래 사귀면서도 편안해야 하기 때문에 서쪽 방을 영수실木緩室이라고 했다. 이곳에서 편안히 지내면 많은 복이 모일 것이니 고요히 수양하고 오래 살면서 누린다면 이는 덕이 높은 사람 중에서도 신령한 사람이라 할 수 있다. 그래서 동쪽 방을 정수합靜壽閣이라고 했다. 이는 밖에서부터 안으로 이르는 것이니 군자는 도를 닦고 마음을 수양한다."

좋은 친구들과 만나 심신을 수양하고 마음을 나누는 곳도 필요하다. 편안하게 잠잘 수 있는 침실도 있어야 하는데 침실도 그 쓰임에 따라 동쪽과 서쪽에 두었다. 이 모든 방과 공간은 군자로서 도를 닦고 마음을 기르는 곳이라고 했다. 조선시대 선비에게 공간이란 바로 군자로서 도를 닦고 마음을 수양할 수 있는 곳이라는 것을 강조한 것이다. 지금 사람들은 자신이 머무는 곳에 어떤 의미를 두고 있는지 생각해 볼 일이다.

"내가 일찍이 멀리서 그대 나라를 보았더니 상서로운 구름과 붉은 노을이 서로 비추며 일어나 영롱하고 찬란하여 오색이 모두 갖추어 있었습니다. 용이 되었다 뱀이 되고 봉황이 되었다 난새가 되면서 비단에 옥을 수놓은 형상은 그 기운이 곧게 하늘을 꿰뚫었습니다. 먼 곳을 잘 보는 자에게 만여 리를 비추는 거울로 그것을 비춰보게 하니, 그 아래에 있는 아름다운 집이 보였습니다. 이것이 인간 세상의 건축물이라고 말하려니 허공 속에 아득하여 땅에 기초를 두고 있을 것이라 생각할 수 없고, 인간 세상의 건축물이 아니라고 말하자니 갈고 다듬어 꾸민 것이 또한 천하의 많은 장인의 솜씨를 다했습니다. 그대는 알고 있습니까?"

어떤 손님이 해외에 갔다가 중국의 선비들과 이야기를 나누었다. 상서로운 구름과 노을이 비추는 찬란하고 아름다운 집, 인간 세상의 건축물이라고 할 수 없을 만큼 뛰어난 집을 본 적이 있는데, 그 집을 아느냐고 물었다고 했다. 손님이 반복해서 물으며 그것은 표롱각縹礱閣일 것이라고 했다. 이 집은 조선 후기 문인 홍길주洪吉周의 도서관이다. 도서관의 이름이 표롱각이다. 이렇게 화려하고 아름다운 도서관은 어디에서 볼 수 있을까? 이 도서관은 직접 볼 수 없다. 홍길주의 머릿속에 지어진 도서관이기 때문이다.

이 도서관의 이름은 홍길주의 형님인 홍석주洪奭周가 동생의 문장을 청묘淸廟와 명당明堂이라 하기는 너무 아득하고[표묘縹緲], 신선이 사는 곳이라고 하기에는 치밀하게 다듬어졌다[롱지礱砥]고 한 말에서 홍길주가 '표묘縹緲'의 '표'자와 '롱지礱砥'의 '롱'자를 따서 이름을 지었다고 밝혔다. 위의 글에서도 이 두 단어를 반복해서 사용했다.

표롱각縹礱閣에는 육경부터 제자 백가에 이르기까지 천하의 읽을 만한 글이 다 있다고 한다. 모든 서적을 다 갖춘 크고 아름다운 도서관 표롱각. 그러나 세상에 책을 보관하는 도서관은 많고 더 많은 책을 갖추고 더 호화로운 곳도 있을 것이다. 그렇지만 크고 화려하고 많은 책을 가지고 있다고 해서 좋은 도서관은 아니다.

홍길주는 표롱각을 만들고 나중에 도서관을 또 하나 만들었다. 이 역시 홍길주의 머릿속에만 있는 도서관이다.

"동해 가운데 선령비서부僊靈祕書府가 있다. 고금古今의 서적을 보관하고 있는데, 다섯 등급으로 구분해 놓았다. 가장 윗등급은 책을 붉은 다섯 가지 무늬의 비단으로 싸고 옥을 조각해 책갑을 만들고 산호로 책갈피를 만들었다."

동해 가운데 있는 도서관 선령비서부에는 모든 책을 보관한 것에 그치지 않고 등급을 나누어 색색의 비단으로 책을 싸고 옥으로 책갑을 만들고 산호와 마노, 비취 등으로 책갈피를 만들어 놓았다. 실제 눈으로 본다면 얼마나 아름다울까.

그런데 이 도서관에는 아무나 들어갈 수 없다고 한다. 설사 들어가더라도 함부로 책을 볼 수 없다는데, 어떤 사람이 책 관리자와 친하게 지내다가 겨우 들어갔다. 책 한 권을 뽑아서 보니 제목만 있고 글은 없었다. 이 도서관에 있는 책들은 모두 제목만 있고 내용이 없다는 것이다. 그러면서 관리자는 나중에 반드시 이 제목으로 글을 짓는 자가 있을 것이라고 말해 주었다.

제목만 있고 내용은 없는, 아직 지어지지 않은 책들이 가득한 도서관. 홍길주는 이 도서관에 있는 책들을 뽑아 정해진 제목을 보면서 그 내용을 쓰고 싶었을 것이다. 결국 이 도서관은 미래의 도서관인 셈이다. 아직 완성되지 않은 책이 가득한 도서관, 언젠가 하나씩 완성된 책이 가득 찰 도서관. 생각해 보니 홍길주뿐 아니라 우리도 머릿속에 이런 도서관 하나쯤은 가지고 있는 것 같다. 홍석주가 만들어낸 18세기의 도서관에 21세기의 우리도 책 한 권쯤 꽂아보고 싶어지지 않은가.

탐닉
일곱

_____

선비의
계모임

_____

어릴 적 엄마는 매월 한 번씩 친구들끼리 만나 곗돈을 모아
목돈을 만드는 모임을 가졌다. 목돈 만드는 모임이라고 하지만,
친구들끼리 정기적으로 만나 밥도 먹으며 서로 이야기하는 재미로
모이는 것이라고 했다. 계원들의 경조사도 함께 도우며 친구들끼리 서로 돕고
정을 나누는 계모임. 지금도 다양한 형태의 모임이 있는데, 조선시대 선비들도
계모임을 가졌다. 선비들의 계모임은 지금과 어떻게 달랐을까?

"우리 집은 동리東里에 있다. 12살 동갑내기 아이 열 두 명이 때로 백
곡栢谷의 송정松亭에서 모이다가 계를 결성했는데, '오동五同'이라 이름
붙였다. 사는 곳도 같고, 태어난 해도 같고, 기상과 취미도 같고, 학
사學舍도 같고, 사람의 숫자와 나이의 숫자가 같기 때문이다. 날마다
문학 모임을 하며 때로 지체 높은 분을 만나면 소매를 모으고 어깨
나란히 하며 온화한 모습으로 길에 서면 '동촌기동대東村奇童隊'라고 하
며 곧 수레를 멈추어 예우하고 지나갔다."

12살짜리 동갑내기 아이들 12명이 모여 계모임을 만들었다. 계모임의

이름은 '오동五同'이다. 다섯 가지가 같다는 뜻이다. 사는 곳, 태어난 해, 기상과 취미, 공부하는 학사, 나이와 모인 사람의 숫자, 이 다섯 가지가 같다. 날마다 만나서 글을 짓고 문학을 논하고, 간혹 길에서 수레 탄 높은 사람을 만나면 나란히 서서 예를 갖추는데 사람들이 '동촌기동대'라고 불렀다. 높은 사람도 이 아이들을 보면 수레를 멈추고 예우하고 지나갔다.

동촌은 동쪽에 있는 동네로 명륜동에서 낙산에 이르는 지역을 가리킨다. 동촌에는 서울의 명문가가 많았다. 이 동촌에 사는 기동奇童, 곧 똑똑하고 재주가 빼어난 아이들 12명을 지체 높은 어른들도 함부로 대하지 않았다는 것을 알 수 있다. 12살 아이들이 만든 이 계모임은 꽤 유명하다. 계모임의 멤버들이 남다르기 때문이다. 멤버를 알아보면 이정귀, 이호신, 박동열, 박순, 민형남, 유숙 등 당대의 문장가들이다.

이 글은 이호신李好信이 동계좌목同稧座目에 대해 쓴 발문跋文이다. 또 이 내용은 이정귀의 행장에도 12살 이정귀의 행적으로 그대로 나온다. 어릴 때부터 똑똑하고 재주있는 아이들이 자기들끼리 계모임을 만들어 날마다 문학을 했으니 훗날 문장가로 이름을 날리게 되는 것이 어쩌면 당연하게 느껴지기도 한다.

1575년 12살 이정귀를 주축으로 해서 만들어진 오동계五同稧는 멤버들이 18살이 될 때 18명으로 늘었고, 18명이라고 해서 영주선瀛洲仙이라는 별칭으로도 불렸다. 영주선은 당나라 태종太宗이 태자로 있을 때 궁의 서쪽에 문학관^{文學館}을 열고 18명을 학사^{學士}로 삼아 정사를 자문했다는 고사가 있어, 18명의 멤버를 특정해서 만든 말이다. 12살 아이들 12명이 모여 만든 계모임은 아이들이 18살이 되었을 때, 생일이 같은 여섯 명이 이 모임에 가입하기를 원해서 모두 18명이 된 것이라고 한다. 12살 아이들의 동촌기동대는 18살로 장성하자 영주선이라고 불리게 되었다.

"36세가 되던 해에 계원 중에 이미 대소과^{大小科}에 합격하여 높은 지위에 오른 자가 많아 특별히 삼청동에서 성대한 잔치를 열었다. 이날 다시 상계(상계) 15명과 하계(하계)로 아전 3명을 추가해 전후로 36명으로 건궁^{乾宮}의 수를 본뜨고 교태^{交泰}의 뜻을 나타냈다. 더불어 근심과 즐거움을 함께 하기를 마치 친형제처럼 한다."

좀 더 성장해 멤버들 나이가 36세가 되었을 때는 18명을 추가해서 계원이 36명으로 늘어났다. 계원들 나이가 36세가 되자 다시 그 수를 맞춘 것인데, 주역의 수를 나타내고 의미를 둔 것이다. 주로 삼청동에서 계모임을 가졌는데, 문과 급제한 사람이 15명이었다가 나중에 13명이 더 합격하고, 나머지는 모두 음직으로 관직에 나아갔으니 당시 최고의 엘리트 모임이라고 할 수 있다.

오동계 멤버들이 모두 관직에 나아가 나라의 주역이 되었으니 그들끼리의 결속력도 강할뿐더러 자부심도 있었다. 특히 동갑계를 언급할 때 이정귀가 주축이 된 이 오동계를 꼽으니 당시 오동계는 그 위상이 높았다. 어릴 때부터 모여 별일이 없으면 늙어서 죽음이 갈라놓을 때까지 함께 했다. 때로 불행한 일이 있어 3명의 이름이 삭제되기도 했다.

갑자생 동갑계同甲契 계원	甲子同庚契
남은 사람 몇인가	餘存復幾人
어린 시절 놀던 때 어제 같은데	竹蔥猶昨日
늙은 몸으로 또 올봄을 맞네	衰白又今春
다시 유명의 이별을 견디니	更忍幽明別
골육의 육친 잃은 듯하네	如亡骨肉親
청산의 한 줌 흙으로 묻힌 곳	青山一抔土
멀리 바라보니 눈물이 수건 적시네	極目淚盈巾

이 시는 어몽린魚夢麟이 세상을 떠나자 그에 대한 만사挽詞로 이정귀가 지은 시다. 어몽린은 이정귀와 같은 오동계의 계원이었다. 동촌기동대라 불리는 오동계 계원은 모두 갑자생甲子生이다. 그래서 첫 구절에 갑자생 동경계 멤버라는 것을 밝혔다. 동경同庚은 동갑同甲을 의미하는 것으로, 대개 동갑내기들끼리 친목을 도모하기 위해 계를 만들어서 동경계가 많은 편이다.

어릴 적 같이 놀던 오동계 멤버 어몽린이 먼저 저 세상으로 떠나버리니 노쇠한 몸에 백발로 남은 이정귀는 친구가 묻힌 무덤을 바라보며 눈물을 흘렸다. 함께 해온 시간이 길고 여러 일을 같이 겪었던 사이라 그리움이 더할 것이다. 동갑내기 계모임은 그 생년을 따서 갑자동경계, 임술동경계, 병자동경계 등으로 부르지만, 오동계처럼 따로 의미를 두어 이름을 만들기도 한다.

선비들의 계모임을 계회契會라고 하는데, 대개 젊은 시절에 맺는 경우가 많다. 동갑끼리 계모임인 동경계회同庚契會와 과거시험 합격 동기인 동방계회同榜契會가 대표적이다. 동경계는 동갑계同甲契라고도 부르는데, 줄여서 갑계甲契 또는 갑회甲會라고 한다. 같은 나이끼리 서로 통하는 끈끈한 유대관계가 남다를 테니 동갑계가 많은 것은 이해가 간다. 또 동방계는 동년계同年契라고도 하는데, 합격 동기라 그 의미 또한 깊다. 조선시대에 과거 합격을 해야 관직에 나아갈 수 있으니 지금의 입사동기 모임으로 보면 되겠다.

여기에 동갑인데, 과거시험도 같이 합격했다면 그 관계는 더 돈독해질 수밖에 없다. 이런 경우에 또 계를 만들기도 한다. 계모임은 15세기 후반부터 16세기 전반까지 매우 활발했는데, 동갑계의 형식으로 크게 유행했다고 한다. 같은 해에 태어나서, 같은 해에 과거시험에 합격해서, 같은 해에 관직에 올라서…, 이렇게 공통점을 찾아 선비들은 계모임을 꾸렸다.

선비들에게 계모임은 또 다른 의미의 문학모임이다. 평생을 공부하는 선비들은 같은 또래들끼리 모여서 글을 짓고 토론하며 문학적 능력을 기르는 것이다. 일종의 문학동호회라고 할 수 있겠다.

이렇게 계원들끼리 계모임을 갖게 되면, 거기에 따르는 회칙이 있게 마련이다. 정기적으로 모여서 뭔가를 해야 할 테니 말이다. 오동계도 회칙이 있었다. 1600년에 계회를 잘 운영하기 위해 〈계헌육조契憲六條〉를 만들었다. 계원들이 회비를 낸다거나 서로 좋은 일과 궂은일에 상부상조하는 것도 포함된다.

계모임은 정기적으로 만나는데 계원들이 돌아가면서 술과 안주를 준비한다. 대신 너무 잘 차리지는 않는다. 또 이유 없이 빠지거나 자주 빠지는 등 불성실한 태도를 보이면 벌칙을 주기도 한다. 그렇다고 대단한 벌칙은 아니고 술과 안주를 가져오는 것 같은 것이다. 지금 같으면 회비 외에 벌금을 더 내는 형식이다.

모임을 유지하다 보니 온갖 경조사를 맞게 된다. 그래서 좋은 일이 있으면 함께 축하해주고 슬픈 일이 있으면 그 일을 같이 돕는다. 예를 들어 상을 당하면 바로 계모임의 회장 격인 유사가 계원들에게 소식을 돌리고 계원들은 쌀 한 말을 상가로 보낸다. 그리고 계원은 발인할 때에 문 밖까지 호송하는 등 상부상조의 역할을 다한다. 계원 중에 지방으로 부임하는 경우 또 모여서 술과 안주를 가지고 송별회를 해준다. 지금의 모임과 별반 다를 게 없다.

"오늘날 조정의 관리로서 문신文臣은 같은 해에 처음 벼슬하고 나서

오래 되면 동관同官이 있게 되어, 혹은 계契를 만들어 서로 사귀는 정
을 굳게 하고 있습니다."

『조선왕조실록』 성종 24년(1493) 4월 8일의 기록이다. 동관계를 통해
서로 사귀는 정이 돈독해진다고 말하고 있다. 조선시대 문인들의 계모
임은 동갑이나 합격 동기, 또는 동료들끼리 맺는 것이 일반적인데, 특
히 관료 사회에서의 계회는 동류 의식을 북돋는 것과 계원들끼리의 친
목, 그리고 기강 확립 등을 목적으로 한다. 관직에 나아가서 다른 곳으
로 부임을 하게 되면 그때마다 해당 계회에 가입해야 하니 평생 동안 많
은 계모임을 하게 된다. 동관계회同官契會 외에 도감계회都監契會라는 것이 있
는데, 도감에 소속된 관원들이 행사에 참여하는 것을 기념하기 위해 만
든 모임이다. 이 경우는 지속되기 보다는 특별하게 만들어졌다 사라지
는 것이 대부분이다.

그렇다면 선비들의 계모임은 언제 처음 시작되었을까? 중국 진晉나라 왕
희지王羲之가 회계會稽의 산음山陰에 있던 난정蘭亭이라는 정자에서 문인들과
모여 시회를 했는데, 이것을 난정시사蘭亭詩社라고 하며 문인들의 첫 계모
임으로 알려져 있다. 353년 3월 3일에 왕희지, 사안謝安, 손작孫綽 등 문인
42명이 난정에 모여서 수계修禊를 열면서 시작되었다. 수계는 음력 3월 3
일에 맑은 냇가에서 몸을 씻고 놀면서 겨우내 쌓인 때와 부정한 기운을
떨쳐버려 그해의 액운을 막을 수 있다는 세시풍속이다.

수계를 마치고 난 후, 굽이굽이 흐르는 물에 술잔을 띄우고 시를 지으면서 성대한 풍류를 즐겼는데, 왕희지는 참석한 문인 중 21명이 쓴 시 37편을 모아서 『난정집蘭庭集』을 만들었다. 문인들이 모여 시를 읊어서 시계詩禊라고도 한다.

어린아이 때부터 만나 모임을 가지고 평생 우의를 다진 계모임이 있는
가 하면, 나이 70이 넘어서 만든 계모임도 있다. 중국 당나라 백거이^白
居易가 노년이 되어 벼슬에서 물러난 후에 향산에 살면서 스스로 향산거
사香山居士라고 불렀는데, 이때 8명의 문인들과 함께 시 모임을 가졌다. 이
것을 향산구로회香山九老會라고 한다. 처음에는 7명이 모임을 하다가 나중
에 2명이 추가로 가입해 모두 9명이 계원이 되어서 구로회가 된 것이다.
또 송나라 문언박文彦博도 서도 유수西都留守로 있을 때, 백거이白居易의 구로
회九老會를 본떠서 낙양의 부필富弼 집에서 사마광司馬光 등 13명의 나이 많
고 어진 사대부들을 모아 술자리를 만들어 즐겼는데, 이를 '낙양기영회洛

陽耆英會' 또는 '낙사기영회洛社耆英會'라고 했다. 나이 70세가 되는 것은 인생에서 드문 일이라고 해서 고희古稀라고 하는데, 장수의 기쁨을 벗과 함께 누리니 얼마나 좋은 일인가.

기주의 오복 중 장수하는 것이 최고인데	五福箕疇壽最尊
그 셋을 다 가진 이는 세상에 드무네	兼三於世罕能存
향산의 구로의 유풍 아득히 오래고	香山九老遺風遠
낙사의 어진 이들 좋은 일 많았네	洛社諸賢勝事繁
성대에 훌륭한 일이라 별국을 만들었고	聖代鋪張仍別局
좋은 날에 어른들이 정원에 모였네	佳辰杖屨卽名園
인간 세상 이 모임 참으로 진솔회라	人間此會誠眞率
눈에 스쳐가는 영고성쇠는 말하지 마오	過眼榮枯且莫言

이 시는 이정귀가 지은 것으로, 제목은 〈기로회耆老會 병풍에 적은 시로, 판서 이군미李君美를 위해 지은 것이다〉이다. 이군미李君美는 퇴계 이황의 조카 이교李蕎를 가리킨다.

기자箕子의 홍범구주洪範九疇에서 오복 중에 장수하는 것을 최고로 쳤는데, 이정귀는 이교가 오복 중에서 세 개의 복을 가지고 그중 최고인 장수까지 하고 있으니 이런 사람을 보기가 드물다고 칭송했다. 백거이와 문언박의 구로회와 낙사를 언급하며 인간 세상의 모임 중 진정한 것은 진솔회眞率會라고 했다.

진솔회는 송나라 사마광司馬光이 벼슬에서 물러나 낙양에 살면서 7명의 나이 많은 문인들과 결성한 모임이다. 회원의 나이는 65세부터 78세까지이며, 술은 다섯 순배를 넘지 않고 음식도 다섯 가지를 넘지 않는 것이 규칙이었다고 한다. 과음과 과식을 경계하고 검소한 모임을 추구했던 것이다. 사마광은 진솔회를 만들어 시를 지으면서 "일곱 사람이 오백 세가 넘어, 꽃 앞에 함께 취하니 예로부터 드문 일이네. 말 경주와 닭싸움은 우리가 즐기는 일 아니니, 모시옷에 백발이 서로 비추네"라고 하였다.

아무튼 이정귀는 향신구로회부터 낙사, 그리고 진솔회까지 열거하며 기로회를 최고의 모임이라고 했다. 기로회의 '기耆' 자는 나이는 많고 덕이 두텁다는 뜻으로 나이가 70세가 되는 것을 말하고 '로老' 자는 나이 80세를 말한다.

백거이의 향산구로회를 시작으로 많은 기로회가 생겼고 우리나라에서도 고려시대에 원로 문인들이 만든 기로회가 있었다. 1203년에 최당崔讜이 70세에 문하평장사門下平章事에서 물러난 후 만든 해동기로회海東耆老會가 그것이다. 해동기로회는 최당이 70세 되던 해에 개성 근처의 숭문관崇文館 남쪽 봉우리에 있는 나무 한 그루를 사랑해서 그 옆에 쌍명재雙明齋를 짓고 그곳에서 사대부 8명과 시를 짓고 술을 마시며 거문고와 바둑 등을 즐기던 모임이다. 벼슬에서 물러난 사람들이 기로회를 만들어 만년을 한가하게 즐기는 모습을 보고 사람들이 지상의 신선이라고 했다. 정년 퇴직 후에 건강하게 오래 살면서 시간을 즐기는 모습이 정말 부러웠을 것 같다. 향산기로회는 매월 10일에 모여서 술 마시고 시 읊는 것을 즐겼는데, 세상사의 일은 말하지 않기로 했다고 한다. 괜히 모여서 정치 얘기 같은 것을 하며 서로 마음 상하는 것보다 좋은 것 같다.

고려시대에는 문인들이 개인적으로 기로회를 만들어 노년을 즐겼다면, 조선시대에는 국가에서 기로소耆老所를 만들어 벼슬에서 물러난 70세 이상 관리들의 친목과 예우를 담당했다. 줄여서 '기소耆所' 또는 '기사耆社'라고도 불렀다. 기로소에는 문과 출신으로 정2품 이상의 벼슬을 한 사람으로, 나이 70세 이상인 사람만 들어갈 수 있었다. 어쩌다 정2품 이상의 관리 중에 70세 이상이 없으면 종2품 중에 뽑아서 들어갈 수 있게 했다.

"기로耆老들이 보제원普濟院에서 잔치를 베푸니, 주악酒樂을 내려 주었다. 임금이 박원형朴元亨에게 이르기를, '기구 대신耆舊大臣은 여생餘生이 얼마 남지 않았으니, 지금 연회宴會를 하는데, 마땅히 별도로 내려줘야겠다' 하고는, 사복司僕에게 명하여 사냥한 짐승을 내려주게 하고, 박원형에게 명하여 술을 가지고 가서 위로하게 하니, 모였던 자들이 모두 감읍感泣하였다. 기로회耆老會에 승지承旨를 보내는 것은 이로부터 시작되었다."

『조선왕조실록』세조 2년(1456) 3월 3일의 기록이다. 기로소의 사람들이 잔치를 하는데, 도승지 박원형을 직접 보내 사냥한 고기와 술을 내려주니 모두 감동하였다는 내용이다. 이때부터 기로회에 술과 음식을 보낼 때는 승지가 직접 갔다고 하니 얼마나 예우했는지 알 수 있다.

기로소에서는 일 년에 두 번 잔치를 연다. 봄에는 음력 3월 3일 상사일上 巳日에, 가을에는 음력 9월 9월 중양절重陽節에 훈련원이나 성균관의 반송 정盤松亭에서 잔치를 했다. 또 가을에는 30세 이하의 아버지 없는 아들인 고자孤子에게 음식을 주는데, 이것을 기로연耆老宴이라고 한다.

잔치에 참가한 기로소의 문신들은 두 편으로 나누어 투호投壺 놀이를 하는데, 진 쪽에서 이긴 쪽에 술잔을 들어 술을 권하면, 이긴 쪽에서 읍하고 서서 술을 받아 마신다. 궁에서 내려보낸 악단의 풍악을 즐기면서 실컷 취하도록 마셨다고 한다.

태조도 60세가 되어 기로소에 들어가면서 기로소 회원의 명단을 직접 서루西樓의 벽에 썼다고 한다. 숙종은 59세에 기로소에 들어갔는데, 왕이 기로소에 들어간 것이 3백 년 만이었고, 영조와 고종은 51세에 기로소에 들어갔다고 한다.

나이 70이 되어야 기로소에 들어간다고 했는데, 왜 왕들은 70세가 되지 않았는데도 기로소에 들어갈 수 있었을까? 정약용의 『경세유표』에서는 "임금의 수壽는 60세만 되어도 기로소에 들게 되는데, 이것은 훌륭한 의전儀典이다"라고 했다. 정무에 시달리는 왕이 장수하기는 어려우니 60세만 되어도 축하할 일인 것이다.

기로소 회원 중에 가장 나이 많은 사람으로는 98세의 윤경尹絅, 97세의 이구원李久遠, 96세의 민형남閔馨男 등이 있는데, 지금이야 백세시대지만 이때 98세의 나이는 정말 대단히 장수한 것이다. 퇴직한 관원의 장수를 축하하고 예우하는 기로연은 임진왜란으로 인해 잠시 폐지되기도 했다.

"해마다 봄과 가을로 좋은 날을 골라 기영연耆英宴을 베푸는 것이 법전法典에도 기록되어 있는데, 근래 국가가 다사多事했던 관계로 폐지한 지가 이미 오래 되었습니다. 이번 영의정 이원익에게 궤장几杖을 내릴 때 기영연을 곁들여서 베풀면 그 역시 천고의 미담이 될 것입니다."

잠시 폐지된 기로연은 인조 때 다시 베풀어졌다. 위의 글은 『국조보감國朝寶鑑』에 실린 것으로, 인조가 등극한 첫 해에 기로소에서 다시 기로연을 베풀자고 건의한 내용이다. 이 글에서 기영연耆英宴은 기로연을 말한다. 임진왜란이 시작된 선조 때부터 광해군 때까지 폐지되었다가 인조가 등극한 첫 해 9월에 다시 열렸다.

이 글에서는 영의정 이원익李元翼이 기로소에 이름을 올리게 되었는데, 궤장을 내릴 때 기영연도 함께 베풀어주자고 했다. 기로소의 회원이 된다는 것은 영광스러운 일이다. 우선 문관 정2품 이상의 고관 벼슬을 한 사람이어야 하고, 나이 70세를 넘겨야 하니 얼마나 대단한 일이겠는가. 그래서 기로소에 들어가게 되면 왕이 의자와 지팡이를 하사하는데, 이 장면을 그린 그림을 같이 주기도 했다.

의자는 접었다 폈다 할 수 있는 것으로, 평상시에는 접어둘 수 있게 만든 것이고, 지팡이는 용도에 따라 여러 개를 주는데, 지팡이 손잡이에 비둘기의 머리를 조각해서 끼우고 국화꽃 장식을 달기도 했다. 비둘기가 목이 메지 않는 새라서 노인이 되어 소화력이 떨어져도 음식을 잘 섭취하라는 뜻을 가지고 있고, 국화는 장수를 상징하는 꽃이기 때문이다. 의자와 지팡이는 노인이 되어 필요한 물건이기도 하지만, 의자와 지팡이로 몸을 의지하더라도 왕의 곁에서 국정을 도와달라는 상징적인 의미를 담고 있다.

왕이 의자와 지팡이를 내릴 때는 잔치를 열었는데, 많은 대신들이 참석하고 교서를 낭독하게 하는 행사를 진행했다. 지금 같으면 이런 행사를 사진과 영상으로 남겨 두고두고 보겠지만, 조선시대에는 카메라가 없는 대신 그림으로 이 장면들을 그려서 화첩으로 만들어 주었다.

기로회에 회원이 되는 것은 왕부터 큰 잔치를 열며 축하해 주는 영광스러운 일이다. 그만큼 누구나 부러워할 일이기도 하다. 이정귀가 윤근수尹根壽가 기로회에 들어가는 것에 대해 축하 시를 써주는데 마지막 구절에 "변변찮은 시로 축하 올리고 그저 부러워하노니, 손가락 꼽으면 앞으로 이십 년이 남았다오"라고 했다. 그리고 주석을 달아 "지금 내 나이가 50세이므로 끝 구절에 참람되이 이러한 뜻을 언급함으로써 훗날 이 모임에 받아들여 달라는 요청으로 삼았다"라고 밝혀 놓았다.

50세의 나이에 앞으로 20년을 더 기다려야 하는 일. 그럼에도 불구하고 정말 회원이 되고 싶은 모임이 바로 기로회였던 것이다. 단순하게 오래 살고 싶다는 뜻으로 그런 것은 아닐 것이다. 이정귀는 기로회의 회원이 되는 것에 대해서도 "옛날에는 나이를 존숭했으니 그래도 넘볼 만하지만 지금은 자질까지 따지기 때문에 온전하게 기로회의 회원이 되는 것은 더욱 드물다"고 했다. 기로회 회원이 된다는 것은 나이만 먹어서 갖는 자격이 아니라 나라를 운영해온 관리로서 퇴직할 때 떳떳하고 긍지를 가질 수 있어야 하는 것이다. 관리가 지녀야 할 덕을 강조한 것이라고 할 수 있다.

지금 정년이 되어 퇴직한 후 오래 살고 있는 사람들을 진정으로 존중해 주고 있나 생각해 보았다. 아마 당사자조차도 그것에 대해 대단히 자랑스러워하지는 않을 것 같다. 언제부터인가 오래 사는 일이 당연하게 생각되었기 때문일까. 오복 중에 최고라는 오래 사는 일을 정말 축하해 주고 자랑스러워할 수 있다면 좋겠다.

"금년 6월 5일에 그동안 내리던 비가 그치면서 잠깐 날이 개자 여러 공들이 모두 말고삐를 나란히 하고 수레를 타고 와서 숭례문 밖에 있는 홍 첨추僉樞의 집에 모인 뒤에 함께 연못의 연꽃을 감상하였다. 이때 좌석 배치는 어디까지나 나이 차례로 하였을 뿐 관직의 높고 낮음은 따지지 않았는데, 흰머리에 아이 같은 얼굴로 술잔을 날리며 단숨에 들이키는 것을 보고는 사람들이 신선 같다며 찬양하고 감탄하며 부러워하였다. 이윽고 여러 공들이 화공畵工에게 명하여 채색 그림을 그리게 한 다음 이름과 지위, 나이를 기록해서 나에게 한마디 써넣도록 위촉해 왔다."

무더운 여름날 숭례문 밖에 있는 홍 첨추의 집에 모인 계원들은 나이순으로 앉아서 연못의 연꽃을 감상하며 더위를 식히고, 서로 술을 권하며 즐거워하고 있다. 그 행복한 모습을 오래 남기고 싶어 그림 잘 그리는 화공畵工을 시켜 그림으로 그리게 하고, 이 자리에 참석한 사람들의 이름과 지위, 나이도 기록해두었다. 이 글의 제목은 〈기로소耆老所의 여러 공들이 남지南池에서 연꽃을 감상하러 모인 것을 그린 그림에 붙인 시 [題耆老諸公南池賞蓮會圖]〉이다.

남지南池는 서울 숭례문, 지금의 남대문 남쪽에 있던 연못인데, 이 연못의 연꽃이 유명해서 연지蓮池라고도 불렀다. 서울로 향하는 불의 기운을 막고 화재 시에 불을 끌 수 있는 물을 저장하기 위해 인공적으로 만든 연못이었다. 지금은 사라지고 없지만, 조선시대에는 유명한 연못이었다. 위의 글에 나오는 홍 첨추는 홍사효洪思斅인데, 그의 집에서 남지가 잘 보였다고 한다. 그래서 연꽃이 피는 여름에 계원들이 홍사효의 집에 모여 남지의 연꽃을 감상한 것이다.

모처럼 모여서 아름답고 향기로운 연꽃을 감상하고, 술 마시고 글 지으며 즐거움을 만끽하던 중, 이날 모임을 오래 기록해 두고 싶은 욕심이 생겼을 것이다. 오늘날 인증샷을 찍는 것과 마찬가지인데, 그 장면을 사진으로 찍어두고 참석자의 이름을 기록해 두면 좋겠지만, 카메라가 없던 시절에 그 시간을 기록하는 방법은 그림을 그리는 것이었다. 이 그림의 제목은 〈남지기로회도南池耆老會圖〉이다. 이때 모인 사람이 12명인데, 대개 모인 사람 숫자대로 그림을 그려서 나눠가진다.

사실 이 그림 속에는 비밀이 하나 있다. 바로 계원 유순익柳舜翼이 공무 때문에 참석하지 못했지만, 그림에는 참석한 것처럼 그려져 있다. 공무로 인한 것이니 봐준 것일 수도 있고, 원래 계모임 회원 모두를 그려 넣고 싶었을 수도 있다. 그림 속에 상을 받고 앉아있는 사람의 숫자를 세보면 12인데, 그 양 옆에도 선비들의 모습이 등장한다. 연로한 아버지를 모시고 온 자세들이다.

이 모임은 공식 기로회는 아니고, 친한 선비들 중에서 70세 이상 되는 사람들끼리 여름날 모여서 연꽃 감상을 한 사적인 계모임이다. 조선시대 4대 문장가인 장유張維가 기문을 쓰고 그림의 아랫부분에 참여한 계원들의 관직과 이름, 자字와 호號, 그리고 생년월일과 본관까지 모두 기록한 좌목座目이 있다. 인조 때 선비들의 계모임 장면을 지금 우리가 그림으로 볼 수 있으니 확실하게 인증된 셈이다. 이렇게 문인들이 계회를 기념하고 기록하기 위해 그린 그림을 계회도契會圖라고 한다. 그날의 모습이 그림으로 남았으며 12명의 계원들이 하나씩 나누어 가졌으니 12개의 그림으로 남았을 것이다. 그러나 63년의 시간이 지나 이 그림은 단 하나만 남게 되었다.

"오늘날 사대부들을 보면, 서로 교유하는 꼴이 한 배를 타고서도 서로 해치려고 키를 뽑고 상앗대를 꺾으며, 같은 방을 쓰면서도 서로 해치려고 상을 던지고 의자를 밀치고, 심지어는 한 쪽은 고기가 되고 한 쪽은 식칼이 되고서도 분쟁을 그치지 않는다. 그러니 어떻게 다시 이 그림 속의 선배들처럼 흰머리에 비둘기 지팡이를 짚고 자제들을 거느리고 한자리에서 술을 마시고 기쁨을 나눌 일이 있겠는가."

1691년 12월 11일에 박세당^{朴世堂}이 마지막 하나 남은 〈남지기로회도〉를 보고 쓴 글이다. 박세당은 이 계회도를 보면서 인조 때 대학자와 문장가들이 모여 즐거운 한 때를 보낸 모습을 보면서 앞 세대의 풍류를 볼 수 있다며 부러워하였다. 그러나 거기에서 그치지 않고 숙종 대를 살아가는 박세당은 당시의 선비들이 서로 해치려고 온갖 짓을 다하는 모습과 비교하며 그때 그 시절을 그리워하고 당시의 세태를 마음 아파하고 있다. 〈남지기로회도〉는 12명의 계원이 똑같은 그림을 하나씩 나누어 가지고 가서 각자 자기 집에 보관했지만, 중간에 전쟁과 난리를 겪는 바람에 11개는 모두 없어졌다. 이 그림 속에 있던 계원 중 한 명인 이인기^{李麟奇}의 5대손 이구^{李榘}가 박세당에게 그림을 가지고 왔다. 그리고 유실되지 않고 유일하게 세상에 남아 있는 한 장이라며 그림에 발문을 써달라고 부탁했고, 이에 박세당이 글을 써주었다.

〈남지기로회도〉가 남지에서 기로회 계모임을 그린 것이라면, 사간원 관원들의 계모임을 그린 것으로 〈미원계회도^{薇垣契會圖}〉가 있다. '미원^{薇垣}'은 장미꽃이 핀 담장이라는 뜻인데, 옛날 중국 사간원^{司諫院}의 연원이 되

〈호조낭관계회도〉
ⓒ국립중앙박물관

는 중서성의 담에 장미꽃이 피었
기 때문에 사간원의 별칭으로 쓰
인다. 미원계회는 사간원 관원들
의 동관계회라는 것을 알 수 있다.
〈미원계회도〉는 그림에 성세창^{成世}
昌의 찬시^{贊詩}가 적혀 있고, 좌목에는 퇴계 이황^{李滉}을 비롯해 모두 7명의
명단이 있는 것으로 보아 7명이 참석한 계회라는 것을 알 수 있다.
사간원 동관들의 계회 외에도 군사 업무를 맡아보는 하관^{夏官}의 동관들
의 계모임을 그린 〈하관계회도^{夏官契會圖}〉, 공물과 세금 등을 담당하던 호
조 동관들의 계모임을 그린 〈호조랑관계회도^{戶曹郎官契會圖}〉 등이 전한다.

"나 민구^{敏求}와 여고^{汝固}, 천장^{天章}, 덕여^{德餘}, 네 사람은 이미 통정대부의

반열에 올라 있었으나 특명으로 해당 자급資級을 그대로 유지하였다. 이에 열 명은 부지런히 학업을 닦아 임금의 간절한 기다림에 부응하고, 물러나서는 계契를 만들어 서로 권면하고 동료 간의 우호를 다졌다. 직관職官, 성명姓名, 자호字號, 관향貫鄕, 나이를 병풍에 나열해 쓰는 것은 영구히 전해지기를 바라서이니 그 의의가 매우 크다."

이 글은 조선시대 문인 이민구가 쓴 것으로 여고는 이식李植, 천장은 이명한李明漢, 덕여는 정백창鄭百昌을 가리킨다. 이민구는 독서당 계원들과의 계모임을 갖고 그것을 기록한 것을 병풍으로 만들었는데, 그 병풍에 대해 후서를 쓴 것이다. 그래서 제목이 〈독서당계병후서讀書堂楔屛後序〉이다. 이 글에 앞서 장유張維가 〈호당계병서湖堂契屛序〉를 지어 계모임 병풍을 만들게 된 과정을 서술하였다.

독서당讀書堂은 문신들 중에서 젊고 학문에 뛰어난 사람을 골라 출근하지 말고 조용한 곳에서 독서하며 공부하라고 만든 기관이다. 독서당에 뽑힌 사람에게는 공부에 열중할 수 있도록 필요한 것을 충분히 공급해 주고 당대 최고의 학식과 문장을 자랑하는 대제학에게 지도 받을 수 있도록 했다.

출근은 하지 않고 원하는 곳에서 조용히 독서하면서 월급도 후하게 받고 최고의 선생에게 지도도 받을 수 있다니, 얼마나 부러운 일인가. 그래서 독서당에 선발되는 것은 두고두고 자랑할 만한 일이었을 것이다. 그러니 독서당 계원들끼리 만난 계모임은 기록으로 남겨서 후세에 전하

조선 금수저의
슬기로운 일상탐닉

고 싶을 만도 하다. 독서당 계원들 또한 미래가 촉망되는 쟁쟁한 인재들이었을 테니까.

독서당은 1426년에 세종이 문학에 재능 있는 집현전^{集賢殿}의 신하에게 휴가를 주어 독서하게 한 데서 시작되었는데, 처음에는 각자의 집이나 산에 있는 절에서 글을 읽도록 했다. 그러다 성종 때 마포의 한강 가에 남호독서당^{南湖讀書堂}을 만들어서 독서할 수 있게 했고, 중종 때에는 동대문 근처의 정업원^{淨業院}을 독서당으로 만들었으며, 1517년에 용산 두모포^{豆毛浦}의 정자를 고쳐서 독서당으로 만들었는데, 이를 동호독서당^{東湖讀書堂}이라고 불렀다. 그래서 독서당을 호당^{湖堂}이라고 부른 것이다.

독서당 계원들의 계모임을 그린 〈독서당계회도〉는 독서당에 뽑힌 젊은 인재들의 계모임을 기록한 그림이다. 이처럼 조선시대에 선비들의 계모임은 나라의 지원을 받기도 하고, 그들끼리 친목을 더욱 돈독하게 하기 위해 활발하게 계모임을 가졌다. 대개 계모임을 하게 되면 계회도를 그리고 좌목을 만든다. 그림으로 남기지 못할 경우가 많으니 보통은 글로만 남기게 된다. 계모임에서 술만 마시고 끝나는 것이 아니라 선비들이 서로 글을 짓는 문회^{文會}를 하니, 이 글들을 모아 첩^帖이나 축^軸으로 만들기도 한다. 이것을 계회첩, 또는 계첩이라고 하고 계회축이라고 한다.

계원들이 계모임을 가질 때마다 글을 지었으니 계모임이 계속 이어질수록 많은 글도 쌓이게 될 것이다. 이렇게 모인 글을 계회첩이나 계회축으로 만들고, 계원이 아닌 외부의 문인에게 서문이나 발문 같은 것을 받아서 기념했다.

동촌기동대가 만든 오동계도 계회첩을 만들었는데, 동갑 계모임이라 '갑계첩甲契帖'이라고 한다. 이정귀를 비롯해 쟁쟁한 문인들이 구성원이었던 오동계였기에 이 갑계첩은 문학적으로 대단한 의미가 있을 것이다. 안타깝게도 이 갑계첩은 전쟁 중에 없어졌다고 한다.

> "병자호란으로 계적契籍이 흩어져 없어졌는데, 여러 공의 자손들 중에 아무도 그 자취를 찾을 수가 없었다. 몇 년이 지난 뒤에 박지포朴芝圃 공의 손자 현감 아무개가 좌목座目 한 첩과 서로 주고받은 시 몇 편을 안근전安芹田 공의 서얼 후손의 집에 있는 정리 안 된 원고 속에서 찾아내어 비로소 세상에 유포되었다. 경진년(1880, 고종17)에 송부제학공宋副提學公의 후손 송규회宋奎會가 그 계적을 모아 손보고 윤색하고 간행하여 길이 보존할 계책으로 삼았으니, 그 마음 씀씀이가 또한 도탑다."

이 글은 〈가정갑자갑계첩嘉靖甲子甲契帖〉의 발문跋文이다. 가정갑자계는 오동계를 말한다. 오동계 계원들이 모두 갑자년 동갑인데다. 그 해의 연호가 가정嘉靖이기 때문에 가정갑자계라고도 부른 것이다. 오동계의 갑계첩이 전쟁으로 사라지자 계원이었던 박순朴淳의 손자 박렴朴廉이 오동계 계원들의 후손가를 찾아다니며 혹시라도 남아있을지 모르는 갑계첩을 수소문했다. 그러다가 오동계 계원인 안경安璥의 아들 안극가安克家의 집에서 갑계첩을 발견하여 다시 세상에 보일 수 있게 된 것이다.

이 글은 갑계첩이 다시 세상에 보이게 된 내용을 담고 있는데, 오동계의 계원 유숙柳淑의 9세손 유중교柳重敎가 쓴 글로, 송규회가 같이 계를 맺었던 집안의 후손인 유중교에게 발문을 써달라고 요구해서 써 주었다고 한다. 유숙은 이 글을 쓰면서 이전 시대 풍속의 아름다움을 생각하고 조상이 교유하던 즐거움에 감격하면서도, 온전히 보존되어 내려오지 못하고 여러 곡절을 겪은 갑계첩을 보면서 문득 안타까운 마음을 금할 수 없었다고 한다.

중요한 날을 기념하고 그것을 후손 대대로 기억하게 하고 싶어 만든 계회첩과 계회도. 긴 세월과 온갖 어려운 일 속에서도 남아 오래 전 그 시간과 사람들을 기억하게 하고 있다.

"영안위永安尉 홍주원洪柱元이 날마다 내방하였는데, 인목왕후仁穆王后는 그가 자주 외출한다는 것을 듣고 일찍이 사람을 시켜 따라가 보게 했더니 한 노인과 함께 큰 소나무 아래에 마주앉아 있는 것이었다. 그 이후로 홍주원이 외출한다는 소식을 들을 때마다 궁중의 고기산적을 하사하였다."

영안위 홍주원은 선조의 부마로, 정명공주의 남편이다. 할아버지는 대사헌 홍이상洪履祥이고, 아버지는 예조참판 홍영洪霙이며, 외할아버지가 좌의정 이정귀李廷龜다. 엄청난 명문가 출신으로 당대 최고의 금수저라 불릴

만한데, 또 인물이 좋기로 유명했고, 외할아버지 이정귀에게 글을 배워 문장까지 뛰어나 촉망받고 있었다.

홍주원은 당시 노처녀라고 할 수 있는 정명공주와 혼인을 하게 되었는데, 인목왕후는 홍주원이 자주 외출하는 것을 걱정한 것이다. 그래서 그 행적을 조사하게 하니, 어떤 노인과 만나고 있다는 것을 알게 되고 그 후로는 홍주원이 외출할 때마다 궁중의 고기산적을 같이 보내주었다는 이야기다.

이 이야기는 『이향견문록里鄕見聞錄』에 전한다. 이 책은 조선시대 중인층 이하의 인물들에 대한 이야기를 담고 있는데, 이 글의 주인공은 왕의 사위 홍주원이 아니라 홍주원이 만나고 다녔다는 한 노인이다. 이 노인은 천한 신분의 유희경劉希慶이다. 왕의 사위가 천한 신분의 노인과 만나고 다녔는데, 궁중에서 고기를 하사해 주었다니 어떻게 된 일까?

서울 북촌의 후미지고 산이 가까운 정업원淨業院에 바위 계곡 사이로 맑은 샘물 한 줄기 흘러나오는 곳이 있는데, 유희경이 이곳을 사서 집을 짓고 살았다. 직접 복숭아나무와 살구나무 네다섯 그루를 심고 돌을 쌓아 작은 대를 만들고는 날마다 그 위에 앉거나 누워 지냈는데, 이 대를 침류대枕流臺라고 했다.

유희경이 만든 침류대에는 홍주원만 다녀간 것이 아니다. 당대 내로라하는 문장가들이 이 침류대에서 시를 읊으며 서로 만나 모임을 가졌다. 비록 천한 출신의 유희경이지만, 신분의 차이를 넘어서 공경대부들이 함께 문학하는 모임을 가졌으니, 인목왕후도 사위가 그를 만나는 것을 알고서는 고기를 내려준 것이다.

유희경을 주축으로 침류대에서 문학하는 모임을 침류대시사枕流臺詩社라고 불렀다. 침류대시사의 회원들은 차천로車天輅, 이수광李睟光, 신흠申欽, 김현성金玄成, 유몽인, 이정귀, 허균, 임숙영任叔英 등이다. 조선시대 문학사를 통틀어 최전성기에 활동한 최고의 문인들이다. 신분도 당파도 학파도 따지지 않고 만나면 자유롭게 문학과 학문을 이야기했다. 이들이 침류대에 모이면 시를 읊기도 하고, 그 시에 화답하기도 하고, 또는 그 풍류를 듣고는 시를 보내기도 했는데, 이 여러 편을 모두 모아 『침류대시첩枕流臺詩帖』을 만들었다.

"나는 유생劉生의 맑고 고운 문사文辭를 좋아하여 항상 마음으로 생각하고 있었는데 이때부터 친분이 두터워졌다. 지금 그 시를 모은 책에 내 글을 부탁했는데, 만나지 못하고 헛걸음 한 적이 여러 번이다. 그 책을 읽어보니, 유희경이 나이 칠십에도 독실히 문학을 좋아함을 알겠으니 참으로 군자라 하겠다. 내가 비록 글재주는 없지만 유생의 부탁을 사양하지 않고 불후하게 전할 것을 기약한다. 유생에게 시詩, 서序, 기紀를 지어주지 않고 전傳을 지어 주는 것은 유생의 뜻과 업적이 나의 전을 통해 길이 전해지기를 바라서이다."

조선 중기 한문 4대가인 이식李植과 이수광 등 문장으로 이름 높은 많은 문인들이 이『침류대시첩枕流臺詩帖』에 다양한 장르의 글을 지어 주었다. 그런데 유몽인은 〈유희경전劉希慶傳〉을 지어주며 유희경의 뜻과 업적이 오래도록 전해지길 바란다고 했다. 이민구는 유희경이 죽은 지 30년이 지나서 꿈속에서 그를 만났는데 신선 같은 모습으로 침류대의 아름다움을 장황하게 말하더니 시를 지어 달라고 부탁해서 잠에서 깨어 시를 썼다고 했다.

김창협金昌協은 유희경의 글을 손자 유자욱劉自勗에게서 얻어 읽어보았다고 했다. 그리고는 유희경의 문집『촌은집村隱集』에 서문을 지어주면서 "천민 출신이지만 시를 배우고 예를 익혀 성대하게 군자의 기풍이 있었고, 거처하는 침류대枕流臺는 궁성과의 거리가 지척에 불과했지만 산림 속의 사람처럼 초탈하여 고요하게 지냈다. 나는 어렸을 적에 선배들의 문집에서 종종 침류대시枕流臺詩를 보고는, 그 사람됨이 그러하였을 것이라고 상상하였다"라고 했다. 침류대는 지금의 창덕궁 뒤쪽에 있었는데, 나중에 궁 안으로 편입되었다가 도총부의 자리가 되었지만, 유희경이 심어 놓은 소나무는 그대로 남아 있었다고 한다.

쟁쟁한 문인들이 신분과 학파와 당파를 넘어 한미한 문인 유희경과 만든 문학 모임이 조선 중기에 있었다면, 조선 후기에도 신분의 차이를 넘어 스승과 제자가 만든 계모임이 있다. 바로 다산 정약용과 그의 제자 18명이 만든 다신계茶信契로, 이 계모임은 제자들이 스승 정약용에 대한 신의를 잊지 않기 위해 만든 것이라고 한다. 1년에 두 번 스승에게 시를 지어 보내는데, 봄에 곡우穀雨가 되면 차를 만들어서 청명이나 한식에 보내고 가을이면 국화꽃이 필 때 시를 지었다고 한다. 차를 마시면서 시를 짓는 운치있는 계모임이다. 제자들이 주도한 다신계와 달리 정약용이 친구들과 만든 계모임도 있다.

"내가 일찍이 채홍원蔡弘遠과 함께 의논하여 시사詩社를 만들고 같이 즐겼는데, 채홍원이 이렇게 말했다.

'나와 그대는 나이가 동갑이다. 우리보다 나이가 9년 많은 사람과, 우리보다 9년 적은 사람을 모두 벗할 수 있다. 그러나 우리보다 9년 많은 사람과 우리보다 9년 적은 사람이 서로 만나면, 허리를 굽혀 절을 하고 앉은 자리에서 일어나 피한다. 그래서 그 모임은 벌써 어지러워진다.' 그리하여 우리보다 4년 많은 사람으로부터 우리보다 4년 적은 사람까지만 모임을 가졌더니, 모두 15인이었다."

정약용은 같은 시간과 공간을 더불어 같이 사는 것이 우연이 아닌데, 우리나라 사람들은 나이차가 있거나 사는 곳이 멀면 서로 대할 때 어려워서 즐거움이 적다고 했다. 또 곤궁함과 현달함이 같지 않거나 취향이 다르면 비록 나이가 같고 이웃에 살더라도 즐겁게 놀 수 없다고 했다. 그래서 자신의 나이를 기준으로 위아래 4살까지를 허용하여 모임을 만들었더니 계원이 15명이 되었다고 한다. 자신의 나이를 기준으로 위아래로 9살을 정하면 허리 굽혀 절하고 앉은 자리에서 일어나 피한다는 것을 보니, 나이 차이가 많이 나면 쉽게 친해질 수 없긴 한가보다.

이렇게 정약용이 만든 친구들 모임의 이름은 죽란시사竹欄詩社다. 죽란은 대나무 난간이라는 뜻인데, 이 모임을 주로 대나무로 난간을 만들어 놓은 정약용의 집에서 했기 때문에 죽란시사라 부른 것이다.

"살구꽃이 처음 피면 한 번 모이고, 복사꽃이 처음 피면 한 번 모이고, 한여름에 참외가 익으면 한 번 모이고, 초가을 서늘할 때 서지西池에서 연꽃 구경을 위해 한 번 모이고, 국화가 피면 한 번 모이고, 겨울철 큰눈이 내리면 한 번 모이고, 연말에 화분의 매화가 피면 한 번 모이되, 모임 때마다 술·안주·붓·벼루 등을 갖춰서 술 마시며 시 읊는 데에 이바지한다."

봄에 살구꽃이 필 때 모였는데, 금방 복사꽃이 피면 또 모여야 한다. 여름에 참외가 익으면 참외 맛을 봐야 하니 또 모이고, 여름이 끝날 무렵에는 서대문 밖 반송방盤松坊에 있는 서지에서 연꽃 구경하러 모이고, 서리 내리는 가을에 국화가 피면 또 모이고, 겨울에 큰눈이 내리면 또 모이고, 연말에 화분의 매화가 피면 또 모이고…, 일 년 내내 모임 하느라 바쁠 것 같지만, 사실 따져 보면 일 년에 일곱 번 모이는 것이다.

계절이 변화하고 그 철에 따라 각기 다른 자연 현상이 나타난다. 봄에 복숭아꽃 살구꽃이 피는 것을 제대로 본 적이 있나? 여름에 연꽃 구경을 한 적이 과연 몇 번이나 있나? 가을에 국화 한 번 천천히 감상하고, 눈 오는 날 눈을 느껴본 적이 얼마나 될까? 살아가는 동안 자연의 변화를 제대로 한 번씩 보고 느낄 수 있는 시간을 온전히 가져보는 것조차 힘들다. 그러다 보면 시간은 또 훌쩍 지나가 버린다. 친구들과 함께 모임을 하면서 이 시간을 온전히 즐겨보는 것이 얼마나 의미 있는 일인가.

죽란시사는 일 년에 일곱 번의 모임을 갖지만, 그것으로 끝나지 않는다. 아들을 낳은 사람이 있으면 만나고, 수령으로 나가는 사람이 있으면 또 만나고, 승진한 사람이 있으면 또 만나고, 자제 중에 과거에 급제한 사람이 있으면 또 만나야 한다는 규칙이 있다. 축하할 일마다 또 만나니 이 또한 좋은 일이다.

죽란시사의 모임에도 회칙이 있다. 모임의 주관은 나이 적은 사람부터 시작해서 나이 많은 사람 순서로 하는데, 한 차례 돌면 그대로 반복한다는 것이다. 정약용은 죽란시사의 회원 명단과 위의 회칙을 쓰고 죽란시사첩竹欄詩社帖을 만들었다.

채제공蔡濟恭은 죽란시사의 모임을 듣고는 훌륭하다며 크게 감탄하면서 이런 모임은 임금이 20년 동안 선비를 기른 효과라고 했다. 그러면서 나라의 은혜를 읊어서 보답할 방법을 생각해야지 곤드레만드레 술에 취해 떠드는 것만 일삼지는 말라고 했다. 선비들의 계모임은 여러 목적과 동기가 있어서 만들어졌다. 각각의 모임마다 다른 의미가 있겠지만, 결국 글을 짓고 학문을 토론하는 것이 바탕이 된다.

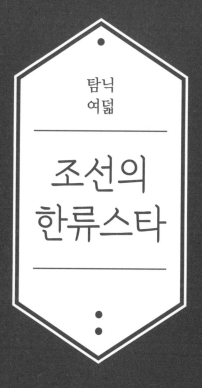

탐닉
여덟

조선의
한류스타

우연한 기회에 한류 드라마 열풍이 불고 K-POP이 전세계
음악팬들의 마음을 흔들었다. 이에 따라 한국의 문화 전반에 대한 관심이
확산되면서 한국의 문화 위상도 높아지고 있다. 그런데 한류 열풍은
요즘 들어 새삼스럽게 시작된 것은 아니다. 신라시대에 최치원이 있었고,
조선시대에는 여러 선비들이 한류를 이끌었다.
조선시대의 한류 열풍은 어떻게 시작되었으며 조선 문화는
어떻게 세계를 매료시켰을까?

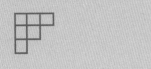

"납일臘日에 강을 지나는데 진강鎭江에 있는 유격遊擊 구탄丘坦이 하루 전에 의주義州로 편지를 보내어 내가 오는 날이 언제인지 물었다. 그리고는 이날 저녁 강진성의 십 리 밖까지 나와 우리를 마중했다. 그는 우리가 머무는 집 곁에 장막帳幕을 성대하게 설치하고 심지어 채붕彩棚을 설치하여 온갖 놀이를 벌여 우리를 즐겁게 해주었으며 군악軍樂을 벌이고 많은 음식을 차리는 등 예의를 다하여 매우 정성스럽고 융숭하게 대우해 주었다."

1616년 이정귀가 북경에 사신으로 가는데, 때는 섣달이었다. 추운 날 북쪽에 있는 국경 진강에 유격으로 근무하는 명나라 문인 구탄이 조선의 문인 이정귀를 맞을 준비를 열심히 했다. 미리 편지를 보내 도착하는 날짜를 알아보고 십리 밖까지 나와서 마중하는데, 커다란 장막을 설치하고 온갖 색상으로 장식한 무대를 마련했다. 게다가 군악대까지 불러 환영 퍼레이드를 펼치고 음식을 장만해 극진하게 대접했다.

위에 인용한 글은 시의 제목인데, 굉장히 길어서 뒷부분은 생략했다. 이 시에는 "그 문장은 중국에 이름을 날리었고 명성은 해외를 눌렀도다"라는 구절이 있다. 이정귀가 중국에서 문장으로 유명한 인물이며 그 명성이 두루 뻗쳤다는 뜻이다. 유명한 이정귀를 맞이하기 위해 국경을 넘는 곳에서부터 화려하게 무대를 설치하고 환영 인사를 해준 것이니, 지금으로 치면 유명 K-POP 스타를 공항에서부터 맞이하기 위해 성대하게 환영 인사를 해준 것이라고 볼 수 있다.

이정귀가 북경으로 사신을 가는 길에 국경을 넘어서자 국경 지역에서 근무하는 명나라 문인 구탄은 이정귀에게 시를 지어달라고 자꾸 요구했다. 이정귀는 술자리에서 시를 한 수 지어주었다고 한다. 인기 스타의 유명세로 인한 괴로움이지만, 싫지 않은 팬서비스일 것이다.

이정귀가 중국에 가면 가는 곳마다 중국 사람들이 반갑게 맞이하고 "조선의 이 상서尚書가 왔다"고 하며 모여서 칭송했다는 일화가 조선 중기의 문인 김상헌金尚憲이 쓴 이정귀의 신도비명에 나와 있다. 세계의 중심이라고 자부하는 명나라에서 작은 나라 조선의 사신을 이렇게 극진하게 대접

했다는 것을 믿기 어려울 것이다.

진강에서 유격으로 근무하는 구탄은 지위가 그리 높아 보이지 않지만, 당시 명나라 문단에서 문학을 주름잡던 공안파公安派의 창립 멤버이자 핵심 멤버였다. 벼슬에 관심이 없어 중앙관직에 나가지 않고 국경 근처에서 유격으로 근무하고 있었지만, 대단히 유명한 문인이었던 것이다. 허균이 구탄을 한 번 만나기 위해 미리 편지를 보내 만남을 요청하고 그에게 누나 허난설헌의 시집을 전해줄 정도로 구탄의 문학적 역량은 명나라 문단에서 대단한 인물이다.

구탄은 조선 선비 이정귀의 뛰어난 문장에 반해서 그를 사모하고 지속적으로 편지를 주고 받으며 관계를 이어갔다. 두 사람이 주고 받은 편지는 여러 통이 남아 있고, 이정귀는 명나라 문인 구탄의 시집에 서문을 써주기도 했다. 구탄이 이정귀에게 서문을 써달라고 요청했기 때문이다. 이정귀는 임진왜란 당시 뛰어난 문장으로 조선을 위기에서 구한 인물로 '구국의 문장가'라고 불렸다. 명나라에서는 조선 사신 이정귀의 문장에 감탄했고 이로써 양국간에 생긴 오해를 풀게 되었는데, 이때 이정귀의 글이 나라를 구한 것은 물론이고 이정귀라는 이름을 중국에 알리는 계기가 되었다.

1626년 이정귀가 네 번째로 북경에 갔는데, 병이 들어 귀국하지 못하고 6개월 동안 북경에 체류하게 되었다. 이정귀가 북경에 머문다는 소식을 들은 중국인들은 그를 만나기 위해 각지에서 찾아왔으며 북경에 있는 조선 사신의 숙소인 옥하관玉河館 앞에서 이정귀를 한 번 만나기 위해 기다리는 사람들이 많았다고 한다. 기회가 되면 시 한 편이라도 받아보고 싶다고 하고, 아니면 먼 발치에서 얼굴이라도 보고 싶어하면서 숙소 앞에서 기다리는 중국 선비들이 많았다고 하니 마치 한류스타를 보고 싶어하는 요즘 팬들의 모습 같다.

당시 중국에서 이정귀의 글 한 편을 받기 위해 애쓴 것에 대한 일화는 한두 가지가 아니다. 이정귀에 대한 기록을 보면 중국의 고위 관직자나 젊은 선비들이 이정귀에게 시 한 편을 받고 싶다고 요청하는 내용이 상당히 많다.

"듣자하니 고려의 명현名賢이 도성에 오래도록 머무르는데 붓을 휘두르면 사람을 놀라게 하는 문장을 짓는다고 합니다. 저는 생전에 그 문하에 가서 가르침을 받지 못할 형편인데 문하께서 그와 늘 만나서 얘기를 나누는 사이임을 알고 구구한 제 자신을 헤아리지 않은 채 삼가 부채 두 자루를 부쳐 보냅니다. 모쪼록 이 부채에 몇 자 적어 주도록 잘 말씀해 주시어 눈만 마주쳐도 도道가 통하는 뜻을 기록하게 하는 것이 어떻겠습니까. 바쁘신 중에 번잡한 부탁을 드렸습니다."

이 글은 이정귀가 명나라 관리 이부낭중吏部郎中 곽존겸郭存謙에게 부채에 시를 적어준 사연에 대해 쓴 것이다. 고려의 명현이란 조선의 이정귀를 가리키는 말이다. 명나라 관리 곽존겸이 병으로 관직을 쉬고 3년째 집에서 지내고 있는데, 그의 집은 북경과의 거리가 160리나 떨어진 보정^{保定}에 있었다. 이때 그는 조선의 이정귀가 북경에 머문다는 소식을 듣고 승려 한 명을 보내 이정귀의 글을 받고 싶다는 편지를 전달하고, 이 편지는 다시 옥하관의 부사^{副使}를 통해 이정귀에게 전해졌다. 곽존겸이 이정귀의 시를 부채에 받고 싶어하는 마음이 얼마나 간절한지 알 수 있다. 이정귀는 몸이 아파서 귀국하지도 못하고 사신 숙소에서 지내고 있었지만, 매일 사람들이 찾아와 글을 요청하기 때문에 제대로 쉬지도 못했다고 한다. 몸도 아파 괴로웠겠지만, 인기 때문에 겪는 번거로움이 많았다.

중국에서 인기가 하늘을 찌를 정도로 대단해 그에 따른 고단함도 있었지만, 한편으로 조선 문인으로서의 자부심도 컸을 것이다. 북경에서 이정귀의 인기는 말하자면 입이 아플 정도였고, 서울로 돌아가는 중국의 시골길에서도 이정귀의 이름을 알고 그의 시를 외우고 있는 사람이 있을 정도라고 하니 한류스타로서의 위엄이 대단했다. 요즘으로 치면 사인 한 장 받고 싶어 기다리고 있는 것과 마찬가지인 셈이다.

이뿐이 아니다. 팬들이 스타에게 선물을 보내듯 중국 문인들이 이정귀의 숙소로 음식을 보내기도 했다. 좋은 음식을 대접하고 싶은 마음도 있었을 것이고, 병으로 앓아 누워있다는 소식을 들으니 건강을 회복할 수 있는 음식을 보내고 싶기도 했을 것이다. 어쨌거나 이정귀는 인기 덕분에 중국에 가면 제대로 쉬지 못하고 계속 시를 써주거나 그림에 글을 써주는 일을 서울로 돌아올 때까지 계속해야 했다.

"상공相公 왕손번王孫蕃은 보정保定 지방의 선비로, 황제의 외손을 가르치기 위해 북경에 와 있었는데 그 숙부 왕몽조王夢祖와 함께 특별히 찾아와서 만나기를 청하는 한편, 시를 적은 부채와 새로 빚은 차를 보내왔기에 그 시에 차운하여 사례하였다."

"총병總兵 양원楊元이 평양의 전투의 삼대장三大將으로서 우리나라를 위해 공을 세웠으나 불행하게도 죄를 입어 죽었다. 이제 그 장남이 참장參將이 되고 셋째 아들이 지휘자가 되었는데, 나에게 와서 시를 지어 달라고 요구하였다."

명나라 황제의 외손자를 가르치는 사람이 자기 조카를 데리고 이정귀를 만나고 싶어하고, 임진왜란 때 평양성 전투에서 공을 세운 장군의 아들이 돌아가신 아버지를 대신해 찾아오기도 했다.

위의 두 편의 글은 당시 이정귀의 명성이 중국에서 얼마나 대단했는지 짐작할 수 있게 한다. 그가 북경에 연행을 가면서 쓴 기록을 보면 오고 가는 길에 만난 중국인들이 시 한 수만 써달라 요청하는 일이 끊이지 않는다는 내용이 종종 등장한다. 먼 길을 마다하지 않고 찾아오는 사람들을 외면할 수 없어 일일이 이에 응답하는 모습이 안쓰럽게 느껴지기도 한다. 이정귀가 이끌어낸 한류 열풍에는 그의 문학적 재능만 있는 것은 아니었다.

"그대의 선조 월사^{月沙} 이정귀^{李廷龜}가 춘방^{春坊}에 입직하였을 때 조사^詔^使가 왔는데 통사^{通事}가 미처 대령하지 못하였다. 이에 월사가 어전^{御前}에서 중국말과 우리말로 양쪽 사이에서 막힘없이 통역을 하자 조사가 해동^{海東}의 학사가 중국말도 잘 안다고 했다. 그래서 지금까지 미담^美^談이 되고 있다."

이 글은 『홍재전서^{弘齋全書}』에 전하는 것으로, 정조가 이정귀의 후손에게 한 말이다. 중국에서 사신이 왔는데, 통역사가 미처 도착하지 못하자 이 정귀가 유창한 중국어로 임금 앞에서 통역한 것을 가지고 중국의 사신이 칭찬한 내용이다. 조선 중기 때 이정귀의 중국어 실력은 정조대까지 미 담으로 전해질 정도로 유명했다.

이정귀가 활동하던 당시의 문인들은 대부분 통역관을 통해 중국인과 대 화를 했다. 이정귀가 언제 중국어를 배워서 저렇게 잘할 수 있었는지는 모르겠지만, 그 실력이 뛰어나 중국인이 칭찬할 정도였기에 이정귀의 중 국어 실력은 두고두고 입에 오르내렸다. 뛰어난 문학적 재능은 기본이고 외국어 실력까지 갖추었기에 이정귀는 한류스타가 될 수 있지 않았을까.

이정귀가 중국 문단에서 그 이름을 알리고 인기를 얻기 시작하면서 중국 문인들은 다른 조선 문인의 글도 보고 싶어했다. 그래서 북경에 사신으 로 가는 조선의 문인들 중에는 이정귀처럼 한류스타의 대열에 함께 이름 을 올린 사람도 많다. 임진왜란이 일어나던 시기는 선조가 왕위에 있었다. 아이러니하게도 가장 혼란스러운 이 시기에 뛰어난 문학가들이 줄줄이 나왔다. 그래서 선조의 능인 목릉穆陵을 따서 선조 시기 문학이 전성기에 올랐다는 의미로 '목릉성세穆陵盛世'라고 부른다.

조선 중기의 4대 문장가 이정귀·신흠·장유·이식은 물론이고, 권필權韠·이안눌李安訥·차천로·이호민李好敏 등 우리 문학사에서 유명한 인물들이 대거 포진해 있었다. 이들은 명나라에 자주 사신으로 가서 명나라 문인들과 교류하기도 하고, 또 조선에 방문한 명나라 사신들을 맞아 문학적 교류를 이어나갔다. 이정귀를 비롯해 많은 문인들의 이름이 명나라 문단에 소개되었는데, 여기에는 우선 이 시기에 뛰어난 문인들이 많이 등장하기도 했지만, 이러한 시대적 배경이 있었다.

왜 임진왜란 시기에 이런 천재 문인들이 줄줄이 나왔을까? 난세에 영웅이 난다는 말을 믿어야 할까? 아무튼 당시 조선에는 이정귀뿐만 아니라 뛰어난 문장가들이 많았기 때문에 한류의 물꼬가 터지는 것과 동시에 조선 문인들의 문학이 중국에 소개되는 일이 많았다. 동아시아의 대전란 임진왜란이 일어나 혼란을 겪고 있던 그 시기에 한류는 문학으로 새롭게 꽃을 피웠다.

"이번에 변무辨誣한 일은 모든 관료들이 나와 경사라고 칭찬해야 하거
늘, 양사兩司에서 아무 상관없는 일을 가지고 칙서를 맞이하기도 전에
공을 세운 사신을 교활하게 공격하여 막중한 대례大禮를 낭패에 빠지
게 하니, 내가 애통한 마음을 견디지 못하겠다."

1620년에 이정귀가 네 번째로 북경에 사신으로 갔다 돌아왔다. 10월에
연서역延曙驛에 도착했지만 궁으로 들어가지 못하고 멈추게 되었다. 이정
귀가 국내의 기밀을 중국에 누설했다는 죄명을 썼기 때문이다. 나라의
기밀을 누설했다는 큰 죄를 뒤집어 쓴 이유는 이정귀가 북경에 있을 때

개인 서적을 간행하여 유포한 것이 큰 문제가 된 것이다.

이를 가지고 이정귀와 당파가 달랐던 이이첨李爾瞻의 무리가 이정귀를 논박하고 국문鞫問하자고 하자 광해군이 위와 같이 준엄한 말로 물리쳤다. 뿐만 아니라, "이정귀가 북경에 가서 지은 시문과 서문을 모두 빨리 찾아서 들여오도록 하라"는 전교를 내리고는 연서역에서 대죄하고 있는 이정귀를 안심하고 돌아오라고 하며 교외에까지 나가서 맞이했다. 그렇다면 이정귀는 중국에서 국내의 어떤 기밀을 누설한 것일까?

"일찍부터 풍문을 듣고 그대를 흠모해 온 이들도 적지 않았습니다. 그래서 책상에 놓인 시편을 보여주었더니 서로 돌아가며 한 번 읽어보며 아쉬운 대로 그대와의 만남을 대신할 만했습니다."

"학사學士 왕휘汪煇가 공의 시를 얻어 간행하였는데, 서승庶조 섭세현葉世賢이 사명을 받들고 전남滇南으로 갈 때에 그 판본板本을 가지고 '강남에 이를 널리 배포하여 향리의 영예로 삼겠다'라고 하였다."

1620년 이정귀가 북경에 갔을 때 명나라 문인들이 이정귀의 개인 문집을 보고 싶어했다. 당시 명나라에서는 수시로 개인 문집을 출판할 수 있었지만, 조선에서는 가능한 일이 아니라 이정귀는 개인 문집이 없다고 설명했다. 그럼에도 불구하고 어떻게든 이정귀의 글을 보고 싶어 하는 중국 문인들이 많았다. 이정귀는 따로 문집은 없고 서울에서 북경 오는 길에 쓴 시가 100여 수 있다고 하자 그것이라도 보여달라고 하여 할 수 없이 기행시紀行詩 100여 수를 모아 〈조천록朝天錄〉이라는 제목을 붙여 보여주었다. 그러자 중국의 춘방 학사 왕휘汪輝가 굉장히 기뻐하여 직접 서문을 쓰고 서승 섭세현葉世賢이 나서서 출판을 했다. 왕휘는 서문에서 이정귀의 시를 "조식曹植과 유정劉楨보다 월등하고 이백李白과 두보杜甫를 능가하며, 한漢과 위魏의 수준을 넘어서고 삼당三唐보다 낫다"라고 격찬했다. 중국 역대의 유명한 문인들의 이름을 거론하며 이정귀의 문학을 칭송한 것이다. 아무튼 이렇게 해서 이정귀는 조선 문인 최초로 중국에서 책을 출판할 수 있게 된 것이다. 이것은 개인으로서 굉장히 영광스러운 일일 뿐 아니라 조선의 문학을 중국에 알리는 소중한 기회였다. 하지만 이정귀와 정치적으로 반대 입장에 서 있던 사람들은 이것으로 이정귀를 흠집 낼 기회로 삼았다. 그래서 사신의 일을 마치고 돌아오는 이정귀를 국문하고 벌을 주라고 강하게 요청한 것이다.

이정귀는 몸이 허약해 북경에 사신으로 가기 어려웠다. 건강이 허락하지 않아 세 번이나 사신 가는 것을 사양했지만, 광해군의 강력한 요청으로 사신으로 떠나게 되었고 맡은 일을 훌륭하게 처리하고 돌아오는 길이었다. 그야말로 금의환향의 환대를 받고 궁궐로 들어가야 하는데 귀국하자마자 이런 일을 당하니 이정귀 입장에서는 기가 막힐 뿐이었다. 그래도 광해군이 반대 여론을 강하게 무시하고 이정귀를 귀하게 받아들였으니 그 억울함이 조금은 풀렸을 것이다.

이정귀가 이때 쓴 시를 보면, "목숨 던져가며 모진 풍랑 헤치고 갔건만 춘명이 지척인 곳에서 갈 길이 막혔어라, 백 년의 그 굳은 절개는 하늘이

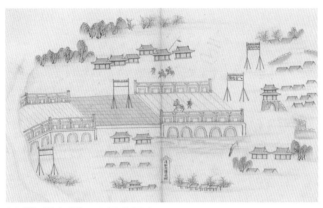

〈이덕형 일행의 사행〉 ©국립중앙박물관

응당 알 테고 만리 고국 돌아가고 싶은데 한 해가 또 가누나" 라고 탄식하며 쓸쓸하게 객지에 머무는 서생이 되었을 뿐이라고 자책했다.

중국에서 출판된 조선 최초의 문집은 『조천기행록朝天紀行錄』이라는 이름으로 간행되었다. 간행을 도왔던 섭세현이 운남 어사雲南御史 장지발張至發에게 그 책판을 싣고 가게 하면서 당시 중국에서도 문화가 융성한 강남 지방에 널리 배포하겠다고 하니 얼마나 영광스러운 일인가. 아마 이정귀의 『조천기행록』은 조선의 문학을 대표하며 중국에 널리 알려졌을 것이다. 그 책이 중국으로 유통된 것은 물론이고 책판을 강남 지역으로 싣고 갔으니 출판 문화가 번성한 강남에서 또 다시 인쇄되어 널리 퍼졌을 것이다. 중국 문인들이 조선의 문학에 이토록 관심을 가졌던 것은 이때가 처음은 아니다.

"방금 예조 낭관 권척權倜이 와서 말하기를 '차관差官의 요구사항 중에 가장 긴요한 것은 우리나라의 시문詩文이다. 그 뜻은 구탄丘坦이 교제한 남방의 문사文士들이 많으므로 장차 그곳에 보내려고 하기 때문에 이처럼 간절히 구하는 것이다' 하였습니다. 또 말하기를 '그 시문은 인본印本이거나 사본寫本이거나 간에 많이 얻어 가져갔으면 한다' 하였습니다."

이 글은『조선왕조실록』광해군 6년(1614) 9월의 기록이다. 명나라 사신들이 가장 간절하게 요구하는 것이 바로 조선의 시문詩文이라고 밝히고 있다. 명나라 사신이 조선 문인의 글을 요청하는 것이 무슨 특별한 일인가 하겠지만, 과거에는 조선에 온 명나라 사신들은 은銀이나 값나가는 물건을 달라고 요구하는 것이 일반적이었다. 특히 금품을 요구하는 것이 심해져서 큰 사회문제가 되기도 했다. 그래서 명나라 사신이 온다는 것만으로도 두려운 일이 되었는데, 사신이 와서 물건을 요구하지 않고 조선의 문학에 관심을 가지기 시작한 것이니 특별한 일일 수밖에 없다. 조선 문인의 글을 요구한 구탄丘坦은 당시 명나라 문단의 개혁을 주도한 공안파 문단의 핵심 멤버였다. 구탄은 자신이 보기 위해 조선 문학을 요구하기도 했겠지만, 남쪽의 문인 친구들에게 보내려고 한다고 목적을 밝히고 있다. 당시 중국의 남쪽은 문화의 중심지였다. 상업이 발달한 지역으로 소비가 활성화되고 출판과 문화가 번창하던 명나라 문화의 최고 중심지였다. 조선의 글이 중국 강남 지역에 가면 바로 출판이 되어 여러 사람들이 읽을 수 있게 된다. 조선 문학이 대대적으로 전파될 수 있는 좋은 기회가 될 수 있는 것이다.

조선 문학이 중국에 알려지게 된 대대적인 계기는 조선 문학에 관심을 가진 중국 문인의 개인적인 노력도 있었지만, 조선과 명나라 사신들이 만나 시를 주고 받은 것을 책으로 출판한 것도 큰 역할을 했다. 명나라의 사신들이 조선에 방문하면 조선의 사신들이 그들을 맞아 대접을 하는데, 이때 서로 시를 주고 받았다. 이 시를 모아서 『황화집皇華集』이라는 제목으로 출판했다.

초기의 명나라 사신들은 문학에 관심이 없었지만, 임진왜란 시기에는 명나라의 뛰어난 문인들이 사신으로 오게 되었다. 따라서 명나라 사신을 맞는 조선에서도 뛰어난 문인들을 내보내 그들과 시를 주고받게 한 것이다. 그러다 보니 두 나라 문인들이 주고 받은 시를 모은 『황화집』은 훌륭한 시집이 되었고, 이것이 명나라로 넘어가면서 명나라 사람들도 조선 문인들의 작품을 감상할 수 있게 되었다.

또 명나라 사신 중에서 조선의 문학과 문화에 깊은 관심을 가졌던 주지번朱之蕃은 조선을 방문한 후에 명나라에 돌아가서 『봉사조선고奉使朝鮮稿』를 편찬했다. 이 책에는 조선에 사신으로 가서 조선 문인들과 주고받은 시도 기록해 놓았는데, 이 책이 중국에 소개되면서 이 안에 담긴 시와 문인들도 함께 알려지게 되었다. 이정귀를 비롯해 허균, 이호민李好敏, 최립崔岦, 신흠 등 최고 문인 29명의 작품이 실려 있으니 명나라에서는 당시 조선 최고 문인들의 작품을 감상할 수 있었다.

『임하필기林下筆記』에 보면 "주지번朱之蕃이 최경창崔慶昌과 백광훈白光勳의 시집을 보고는 감탄하면서, '돌아가 강남江南에서 인쇄하여 귀방貴邦의 문물이 얼마나 훌륭한지 과시하겠다'고 하였다"는 기록이 있는데, 그가 얼마나 조선 문학을 중국에 알리고 싶어했는지 알 수 있다. 중국 문인으로서 가장 열정적으로 조선의 한류를 이끌어낸 사람이라고 할 수 있다.

이 시기에 임진왜란을 거치면서 명나라의 문화가 조선에 실시간으로 수입되었다. 수많은 명나라의 서적이 인편과 배편을 통해 조선 선비들의 손에 들어갈 수 있었고, 이를 통해 명나라의 문화를 실시간으로 접할 수 있었다. 그러나 조선의 문화도 동시에 명나라에 수출되었다. 여기에는 조선 문인들을 직접 만난 명나라 사람들의 영향도 있지만, 조선에 한 번도 가본 적 없는 사람들까지 조선 문화에 관심을 보이며 일부 사람들은 이미 조선에 대해 잘 알고 있기도 했다.

심지어 사신으로 간 조선 문인에게 글을 몇 편 달라고 졸라 중국에서 출판을 하기도 하고, 조선에서 들어온 시집을 중국에서 다시 출판하기도 하면서 그들끼리 열심히 조선 문화에 빠져 있었다. 요즘의 한류와 비교해 봐도 별 차이가 없어 보인다.

"우리나라 노인魯認이란 사람이 바다에 표류하여 중국 소주蘇州·항주杭州 지역에 갔더니 남쪽 선비들이 모두 이 주문을 외면서 '조선 이 아무개의 글이다' 하였으며, 숭정崇禎 을해년(1635, 인조13)에 동지사冬至使로 홍명형洪命亨이 중국에 갔더니 광녕廣寧 옥전玉田의 선비가 역시 이 주문을 베껴 가지고 와서는 공의 안부를 묻더라고 하였다."

노인魯認이라는 사람이 배를 타고 가다가 중국에 표류했는데, 소주와 항주 지역을 갔다 돌아왔다. 소주와 항주는 당시 중국의 문화가 번성한 지역이다. 조선의 많은 문인들이 사신으로 중국을 가더라도 북경을 넘어서기 어려운데, 노인이라는 사람은 표류를 하는 바람에 이 지역을 갈 수 있었다. 아무튼 노인이 표류해서 그곳에 갔더니 중국 강남의 선비들이 이정귀의 글을 많이 외우고 있었다는 것이다. 중국의 선비가 이정귀의 글을 베껴서 간직하는가 하면 산속의 승려가 그의 시를 외우고 있을 만큼 중국에서 그의 문학적 위상은 높았다.

이때 명나라의 선진 문화는 시간차 없이 실시간으로 조선에 직접 유입되었다. 마치 지금 유명한 영화나 음악, 드라마를 인터넷을 통해 실시간으로 볼 수 있는 것과 마찬가지인 셈이다. 이런 기회는 그동안 없었다. 명나라와 조선 사이의 외교는 무척 폐쇄적이었고 두 나라 사이에 사신이 오고 갔지만, 형식적으로 다니는 정도였다. 그러다가 임진왜란이 터지면서 두 나라는 그 어느 때보다 활발하고 긴밀하게 교류할 수밖에 없었다. 이전에 공식적인 외교 사절단이 들고 오는 책이나 물건에 비하면 이때는 그 양이 많아지고 종류도 다양해졌다. 두 나라의 문화 교류가 활발해지면서 명나라에서 발달한 대중문화가 조선에 수입되었다. 그것을 받아들일 수 있었던 배경에는 사신으로 중국을 직접 왕래하던 한류의 선도자들이 있었다.

"이야기를 나누던 중에 책 하나를 꺼내 보여주며 이렇게 말했다. '이것
은 귀국의 재상인 이지봉李芝峯이 지은 것이오. 우리나라의 여러 유생들
마다 이것을 가려 뽑아서 외우고 있으니, 그대도 한번 보시오.' 목숨
이 조석에 달린 사람이라 살펴서 기록할 마음이 없었지만, 종이와 붓을
달라고 하여 다만 몇 편을 베끼고 배로 돌아왔다. 그 후에 학교 안의
여러 유생을 보니 과연 이 책을 옆구리에 끼고 있는 자들이 많았다."

이 글에서 이지봉李芝峯은 조선 중기의 문인 지봉芝峯 이수광李睟光이다. 이
수광은 우리나라 최초의 백과사전이라고 할 수 있는 『지봉유설芝峯類說』의

저자로 알려져 있다. 이 글을 보면 외국의 유생들이 이수광의 글을 외우고 다니며 이수광의 책을 옆구리에 끼고 있다는 것을 알 수 있다. 이 외국은 어느 나라일까?

이 글의 제목은 〈조완벽전趙完璧傳〉이다. 주인공인 조완벽은 1597년 정유재란丁酉再亂 때 왜적에게 포로로 끌려갔다가 일본 상인의 종이 되어 안남국安南國에까지 갔다. 안남국은 지금의 베트남이다. 조완벽이 베트남에 갔을 때 이수광의 시가 베트남 선비들 사이에서 애송되고 있다는 것을 알고서 나중에 조선에 돌아와서 이수광에게 이 사실을 전해주었다.

그렇다면 이수광은 어떻게 베트남에까지 문장으로 이름을 알렸을까? 이수광은 1597년에 사신으로 명나라에 갔다가 사신들의 숙소인 옥하관에서 50여 일 동안을 머물렀다. 그때 숙소에서 함께 머물렀던 베트남 사신 풍극관馮克寬을 만났는데, 언어는 서로 통하지 않았지만, 필담을 나누며 시를 주고받았다. 이때 베트남 사신과 주고받은 내용을 기록한 것이 「안남사신문답록安南使臣問答錄」이다. 이 글을 보면 이수광과 풍극관이 주고받은 시를 포함해서 서로 문답한 내용과 풍극관의 시집에 이수광이 써준 서문 〈안남사신만수성절경하시집서安南使臣萬壽聖節慶賀詩集序〉도 있다.

이수광이 풍극관과 주고받은 문답에는 나라의 위치와 제도, 과거제 등 다양한 내용이 담겨 있는데, 마지막에는 풍극관이 말한 "귀대국貴大國은 예전부터 문헌文獻의 나라로 일컬어졌으니, 우리나라가 감히 미칠 바가 아닙니다"라는 문장으로 마무리되어 있다. 이에 대해 이수광은 "조회 때

우리나라 사신은 앞줄에 첫 번째로 섰고, 안남 사신은 뒷줄에 섰으므로, 서로 접할 때마다 매양 공손한 뜻을 표하였다"라고 덧붙였다. 당시 조선의 위상을 알 수 있으며, 조선의 문학이 국경을 넘어 인기를 누리고 있다는 것을 실감하게 한다.

아마 이수광과 풍극관이 북경에서 만난 이후 풍극관은 이수광과 주고받은 시를 베트남에서 출판했을 것이고 이 책에서 이수광의 시가 베트남 선비들 사이에서 크게 유행한 것으로 보인다. 당시 조선의 한류는 중국에만 국한되지 않고 제3국에까지 그 영향을 미친 것이다. 특히 베트남은 동아시아의 한자 문화권에 속한 나라이기 때문에 서로 언어가 통하지는 않아도 한문으로 쓰여진 한시는 이해할 수 있었다.

이수광의 「안남사신문답록安南使臣問答錄」에는 당대의 명문장으로 이름 높은 최립崔岦 · 차천로車天輅 · 정사신鄭士信 · 이준李埈 · 이상의李尚毅가 발문을 썼다. 모두 이수광의 문장이 베트남에 알려져 조선 문학의 위상을 높인 것을 높이 평가하였다. 뿐만 아니라 이정귀는 이수광의 문집『지봉집芝峯集』의 서문에 "공이 세상에 있을 때부터 공의 시가 이미 천하에 두루 퍼져 안남安南이나 유구流球의 사신들도 공의 이름을 알고 있었다"라고 썼다. 유구는 지금의 오키나와다. 이수광의 문학이 베트남은 물론이고 유구의 사신들에게도 알려져 있었다는 것을 알 수 있다.

"선생이 당시 위대한 시인임에도 그를 비루하게 여기지 않고 더불어 시를 주고 받았고, 그 산천과 풍속의 특이한 점에 대해서도 역관을 통하지 않고 서로 이웃 지방의 사람들이 대화하는 것처럼 명료하게 필담을 나누었다. 두 사람이 필담을 나누며 눈으로 보고 마음으로 이해하는 사이에 땅에 떨어져 태어나면 모두가 나의 형제라는 기쁨을 느꼈으리라 상상할 수 있으니, 예전에 내가 유구 사신과 만나서 얻은 소득과 견주어 보면 선생의 소득이 더욱 많다고 하겠다."

이 글은 조선의 명문장가 최립이 써준 발문이다. 최립도 1594년 겨울에 사신이 되어 북경에 갔다가 유구국琉球國의 사신을 만난 적이 있다. 통역사를 통해 유구국의 사신과 여러 이야기를 나눴지만, 글을 짓는 능력이 없는 유구국 사신과는 서로 시를 주고받지 못했다며 아쉬워했다. 이수광이 안남국 사신과 시를 주고받으며 통역사 없이 필담으로 직접 의사소통을 하고, 안남국 사신이 이수광의 시를 안남국에 유행시키는 데 큰 역할을 한 것을 보고 이수광이 문장으로 큰 소득을 얻었다고 평가한 것이다. 여기에서 최립은 이수광이 안남국 사신 풍국관을 비루하다고 여기지 않았다고 했는데, 이수광이 큰 아량을 베풀어서 안남국 사신을 비루하다고 깔보지 않고 함께 회포를 나누며 글을 주고받게 되었던 것이라고 생각한 것이다. 서로 눈으로 보고 마음으로 이해하는 사이에 '이 땅덩어리에 떨어진 사람들은 모두 형제'라는 경지의 기쁨을 맛보았다고 표현한 것도 이수광이 안남국 사신을 문인으로 대접해 주며 지적 호기심과 따뜻한 관심을 가졌기 때문에 가능했던 일이라고 본 것이다.

중국의 수도 북경에서 만난 여러 나라의 사신들끼리 서로 누가 잘나고 못나고를 따질까 생각할 수도 있지만, 당시에 조선은 여러 외국 중에서도 가장 높은 위치에 있었다. 특히 문헌을 숭상하며 뛰어난 문인들이 많은 문화선진국이었다. 세계 여러 나라의 사신들이 모두 북경에 모여 있었지만, 그중에서 이수광이 안남국 사신과 시를 주고받을 수 있었던 것은 안남국 사신이 시를 쓸 수 있었기 때문이다.

"우리 일행이 객관客館에 도착한 뒤로부터 유구 사신은 제법 은근한 뜻을 전하면서 우리가 지은 시문을 얻어 보배로 삼기를 원하였다. 그리하여 나는 그들이 어떻게 화답하는지 보고 싶어서 대충 시를 엮어 주었는데, 채견蔡堅 등이 시문을 짓는 데 능숙하지 못하므로 함께 창화唱和하기에 부족하였다."

이수광은 1611년에 북경에 사신으로 갔다가 사신들이 머무는 숙소에서 유구국 사신과 함께 지냈다. 이때 유구국의 사신 채견蔡堅과 마성기馬成驥를 만났는데, 유구국의 사신이 조선 사신들의 시를 얻어 보배로 삼고 싶다는 뜻을 전했다. 이수광은 유구국의 사신이 화답하는 솜씨를 보고 싶어 시를 지어 주었지만 시를 잘 짓지 못해 안남국 사신처럼 서로 시를 주고받는 데는 능숙하지 못했던 것이다.

그래도 최립이 만난 유구국의 사신보다는 시 짓는 솜씨가 좋았던 것인지, 이수광은 근체시近體詩 14수와 유구의 사신에게 사례하는 뜻에서 시를

1수 지어 주었다. 이에 대해 유구의 사신도 어느 정도는 시를 지어 화답을 한 모양이다. 이수광의 「유구사신증답록琉球使臣贈答錄」에는 이수광이 지어준 시와 유구 사신이 화답한 시 2수, 그리고 서로 묻고 대답한 내용 등이 실려 있다.

1612년 1월에 이수광이 유구 사신들과 만나고 5월에 조선으로 돌아왔는데, 7월에 제주 목사로부터 소식이 왔다. 유구국 사신의 배가 마라도에 정박했다는 것이다. 사신들이 자신의 나라로 돌아가다가 거센 바람을 만나 표류했는데, 그 배에 탄 사람 중에 마희부馬喜富라는 사람이 조선의 사신들을 만났다고 한 것이다. 이수광은 이 일을 가지고 멀고 먼 유구국 사신과의 인연이 참으로 기이한 일이라고 기록하고 있다.

이수광이 유구국 사신과 만났을 때, 섬라국暹羅國 사신도 만났다. 섬라는 지금의 태국에 해당한다. 바다 건너 먼 나라 섬라국의 사신을 만나 호기심이 발동한 이수광은 섬라국 사신에게 시를 2수 지어주었다.

만리 이역의 섬라국 바다 가운데 있으니	萬里暹羅塊海中
일곱 섬 있는 바다 밖의 물 하늘에 닿았네	七洲洋外水連空
산의 형세는 용산과 아산에 이르러 나눠지고	山形直到龍牙斷
나라 풍속은 섭유의 나라와 통했네	國俗曾將葉柳通

이 시는 이수광이 섬라국 사신에게 지어준 것이다. 섬라국이 먼 바다에 있는 일곱 개의 섬으로 이루어져 있다고 하며 섬라국의 모습을 그렸다.

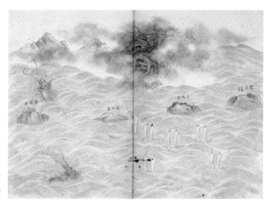

〈이덕형 일행의 사행〉
ⓒ국립중앙박물관

섬라국은 한자 문화권에 속하는 나라가 아니라 이수광이 이 시를 지어주고도 화답하는 시를 받을 수는 없었다.

문인 임숙영任叔英은 이수광이 안남국이나 유구국, 심지어 섬라국 사신들과도 시를 써주며 교류하고자 하는 뜻을 가지고 "저 무더운 불모지에 새와 짐승들과 어울려 사는 사람들도 오히려 공의 시를 진귀하게 여겨 감히 잠시도 입에서 공의 시를 읊지 않음이 없었다"라고 말했다. 그러면서 이수광이 조선의 문장에 있어서 파천황破天荒의 공로가 있다고 극찬했다. 조선의 문학을 중국이 아닌 안남국과 유구국, 그리고 섬라국까지 알린 공을 높이 평가한 것이다.

힘 있고 큰 나라가 아니더라도 함께 어울려 서로 눈을 마주치고 마음을 나눈다면 국경을 넘고 편견을 넘어 지상에 떨어져 태어난 같은 형제라는 마음으로 기쁨을 느끼는 것, 그것이 수백 년 전 한류스타 이수광에게서 시작된 한류의 원동력이 아닐까.

"어려서부터 글을 공부했고 육예六藝에 통달했으며, 7세가 되기도 전에 붓을 들면 문장을 이루어냈다. 20세에 과부가 되었는데 재능과 이름이 형과 나란하다. 내가 북경에서 우연히 그 문집을 한 권 얻었는데, 읽어보니 눈을 비비고 다시 보게 만들었다. 외국에 이렇게 뛰어난 여인이 있다는 것은 생각 밖의 일이지 않은가."

이 글은 명나라의 유명한 희곡가 탕현조湯顯祖가 쓴 글이다. 글의 주인공은 어려서부터 공부를 했고 20세에 과부가 되었다고 하니 여성이라는 것을 알 수 있다. 북경에서 문집을 우연히 보게 되었는데, 외국 사람이라고 한다. 이 사람은 누구일까?

이 글 바로 앞에 "어렸을 때 자字는 취아翠娥이며 허균의 누이"라고 밝히고 있다. 바로 허균의 누나 허난설헌許蘭雪軒이다. 허난설헌의 문집을 명나라 수도 북경에서도 볼 수 있었다니 놀라운 일이다. 허난설헌이 우리에게는 유명한 여성 문인이지만, 당시 중국에서까지 유명세를 탔다니. 이 글은 명나라 문인 조세걸趙世傑의 『고금여사古今女史』에 허난설헌의 시 41수가 수록되었는데, 탕현조가 이를 읽고 허균과 허난설헌을 언급한 것이다.

허난설헌은 당시 명나라에서 무척 유명했다. 명나라 여성 문인들의 시를 모은 『명원시귀明媛詩歸』에도 허난설헌의 시가 상당수 실려 있다. 허난설헌은 사신으로 중국을 방문한 적도 없는데, 어떻게 한류스타로 이름을 알렸을까? 거기에는 허난설헌의 동생 허균이 있었다.

허균은 일찍부터 중국 문단의 사정과 흐름을 잘 파악하고 있었다. 명나라의 최신 서적을 구해서 읽고 새로운 변화의 물결을 파악하며 그 누구보다 명나라 문인들과 밀접한 관계를 유지하려고 노력했다. 예를 들어 명나라 사람이 표류했다는 소식을 들으면 일부러 찾아가서 그 사람을 만나보기도 하고, 전쟁 때문에 조선에 파병와 있던 명나라 군인들과도 친하게 지냈다. 이때 조선에 온 명나라 군인들은 대부분 과거 공부를 하는 유생들이었고 문화가 발달한 중국 강남 지역에서 온 사람들이 많아 허균이 더 관심을 가졌던 것 같다.

허균은 명나라 사신을 네 번 접반接伴하고 세 번 연행하면서 많은 명나라 문인들과 교유했다. 1605년 주지번이 조선에 사신으로 왔을 때 친했는데, 그를 통해 허균과 누나 허난설헌이 중국에서 이름을 알리기도 했다. 당시 조선에서는 살아있는 동안 자신의 책을 내는 일이 쉽지 않았는데, 허균은 허난설헌의 시를 줄줄 외고 다니면서 중국 문인들에게 허난설헌의 시를 소개했다. 주지번은 조선 문학에 관심을 가지며 명나라에 돌아가서도 조선 문학을 알리는 데 큰 역할을 했다. 주지번은 당시 허균에게 문집을 달라고 부탁하고 허균이 문집이 없다고 하자 조선의 역대 시를 모아서 달라고 요청하기도 했다. 나중에 허균은 누나 허난설헌의 시를 모아 주지번을 비롯한 명나라 문인들에게 전달하기도 했다. 이처럼 허균은 다양한 명나라 사람들을 만나 직접 교류하면서 명나라 문학을 연구하고, 조선의 문학을 명나라에 소개하고 전파하는 데 큰 역할을 하였다. 특히 허균이 교류한 명나라 문인들은 다채로운 문인결사조직을 가지고 있어서 그 조직을 통해 조선의 문학을 접하고 전파하며 비평하는 데 앞장설 수 있었다.

"서명徐明이 찾아와서 말하기를, '북경에 있을 때 도망령陶望齡을 만났다. 그는 주지번朱之蕃을 만난 일이 있는데, 주지번이 '조선에 허 아무개라는 사람이 있는데, 그 누이의 시는 천하에 으뜸간다' 고 하더라며, '네가 그 나라에 가면 꼭 그 시집을 구해 가지고 오라' 고 하였는데, 도감都監이 바로 그 사람이군요. 시집이 있습니까?' 라고 물었다. 나는 바로 보따리에서 한 부를 꺼내주었다."

〈태평성시도〉ⓒ국립중앙박물관

1609년 허균은 북경에 갈 때 명나라 사신 웅화熊化의 종사관이었던 서
명徐明이라는 사람을 통해 도망령이 허난설헌의 시집을 구한다는 이야
기를 듣게 되었다. 도망령은 주지번과 친한 사이라 주지번을 통해 허난
설헌의 시가 천하에 으뜸간다는 평가를 듣고 조선 문학에 관심을 가졌
던 것이다.

직접 조선에 간 적도 없고 조선 사람을 만난 적도 없지만 조선 문학에 관
심을 가지며 조선에 사신으로 가는 사람에게 허난설헌의 시집을 구해달
라고 부탁하는 명나라 사람들이 당시에 꽤 있었던 모양이다. 이렇게 조
선 사람과 직접 만나지 못하더라도 출판물을 통해, 또는 문인들 사이에

도는 이야기를 통해 조선 문학에 관심을 가지는 사람들이 많았다.

1597년에 조선에 파병된 명나라 오명제吳明濟는 조선의 한시를 수집해서 1599년에 『조선시선朝鮮詩選』을 출판하고 중국에 돌아가 중국인들에게 소개했다. 오명제는 허균의 집에서 지내면서 허균의 도움으로 조선의 시를 수집하고 이것을 출판해서 중국 전역에 알린 것이다. 이때 오명제는 허난설헌의 시도 중국 문인들에게 적극적으로 소개했다.

당시 조선에서 양반가의 여성이 문학을 한다는 것은 환영받을 일이 아니었다. 조선에서는 문인으로 인정받지 못했던 허난설헌은 중국에서 한류스타로 다시 태어나 문인으로 그 이름을 떨쳤다. 허난설헌의 시를 통해 중국인들은 조선 문학의 높은 수준을 알 수 있었고 그에 열광했으며 다른 조선 여성의 작품도 보길 원했다. 이때의 중국은 어떤 분위기였기에 여성의 문학을 환영했을까?

명나라 말기에는 대중문학이 발달하고 또 여성문학이 전성기를 이룰 때였다. 이때 출판업이 크게 성행해서 명나라 사람들은 살아있는 동안에 몇 번이라도 책을 낼 정도였다. 허균이 허난설헌의 시를 외워서 중국에 소개하고, 나중에는 누나의 시를 베껴서 한 권의 책으로 만들어 중국 문인들에게 전해주자 중국에서 바로 허난설헌의 시집이 출판되었다.

명나라 문인들은 허난설헌의 시를 많이 애송했고 그녀의 시집 『경번집景樊集』을 출판하기도 했다. 당시 명나라에서는 여성 문인들이 왕성하게 활동하고 있었기 때문에 조선의 여성 문인에 대해서도 관심이 컸다. 이런 시대 분위기에 맞춰 허난설헌은 한류스타가 될 수 있었다. 조선에서는 외면 받은 여성 문인 허난설헌은 오히려 중국에서 그 능력을 인정받은 것이다.

조선에서 가장 유명한 명나라 문인은 주지번朱之蕃이다. 당시 조선에서 주지번 영접 업무를 맡은 사람이 허균이었다. 주지번이 조선에 와서 허균에게 신라 때부터 당시까지의 시 중에서 좋은 것을 뽑아 달라고 요청했다. 또 조선의 시에 대한 정보와 조선 문인들의 이력을 물으면서 조선 문단의 상황을 파악하기도 했다.

당시 조선 문인들의 뛰어난 실력과 이를 알아본 명나라 문인들의 조선 문학에 대한 깊은 관심, 그리고 임진왜란으로 인해 일어난 두 나라의 실시간 외교 덕분에 조선의 한류는 본격적으로 시작되었다. 명나라 문단에는 허균과 허난설헌이 유명해졌고, 더불어 조선 문학이 유명세를 타면서 한류가 붐을 이루었다. 첫 물꼬는 이정귀가 트고 그 확산은 허균이 맡은 셈이다.

그러나 안타깝게도 임진왜란이 끝나고 명나라가 망하면서 한류의 물결은 급격하게 잔잔해지고 말았다. 마치 지금 우리의 한류가 중국과의 관계 때문에 한한령이 내린 것처럼. 조선시대 한류의 시작은 우연처럼 시작된 것으로 보인다. 그러나 사실 그 안을 살펴보면 한류를 이끌어낼 수밖에 없었던 뛰어난 문학과 시대의 흐름이 있었다.

한류가 지금에서야 대한민국이 자랑할 만한 것이라고 생각할 수도 있겠지만, 이미 몇백 년 전에 임진왜란이라는 큰 전쟁을 겪으면서도 중국의 높은 장벽을 힘찬 물결로 넘어갔다. 이때의 한류가 급속히 잦아들었지만, 18세기가 되면서 실학파 학자들과 중국을 배우려고 했었던 연암 박지원, 담헌 홍대용, 추사 김정희 같은 한류스타를 통해 그 물결이 다시 시작되었다. 그러나 무엇보다도 중요한 것은 문화 선진국을 따라가기만 하려는 자세에서 벗어나 조선 문학에 대한 자부심과 조선 문학이 가지고 있는 힘을 지키려고 하는 데 있었다.

조선의 한류스타 중 허균은 문화 대국 중국의 사상과 문학과 문화를 알기 위해 중국의 최신 서적을 수입해서 보고 중국 문인들을 만나 중국 문단의 흐름을 파악하려고 노력했다. 그러면서도 조선만의 문학, 그리고 허균 자신만의 문학을 세우기 위해 누구보다 노력했다. 중국 역대 최고의 시인 이백과 두보가 되기보다 허균 자신의 시를 쓰기를 원했다. 그것이 바로 조선 한류를 이끌어낸 힘이다.

"지금 내가 시를 쓰는 목적은 이백과 두보가 되기 위해서가 아니라, 바로 진정한 '나'를 찾는 데 있다. 나는 내 시가 당나라 시와 비슷해지고 송나라 시와 비슷해지는 것을 염려한다. 도리어 남들이 나의 시를 '허자(許子)의 시(詩)'라고 말하게 하고 싶다."

→ 참고문헌 ←

〈궁핍한 날의 벗〉 / 박제가 지음, 안대회 옮김 / 태학사

〈나의 아버지〉 / 박지원·박종채 지음, 박희병 옮김 / 돌베개

〈나홀로 가는 길〉 / 유몽인 지음, 신익철 옮김 / 태학사

〈누워서 노니는 산수〉 / 이종묵 편역 / 태학사

〈다산의 마음〉 / 정약용 지음, 박혜숙 편역 / 돌베개

〈산해관 잠긴 문을 한 손으로 밀치도다 : 홍대용의 북경 여행기 [을병연행록]〉 /
홍대용 지음, 김태준, 박성순 옮김 / 돌베개

〈상상의 정원〉 / 홍길주 지음, 이홍식 옮김 / 태학사

〈양화소록, 양화소록 : 선비, 꽃과 나무를 벗하다〉 / 강희안 저, 이종묵 역해 / 아카넷

〈완당평전〉 / 유홍준 지음 / 학고재

〈이옥전집〉 / 이옥 지음, 실시학사고전문학연구회 역주 / 소명출판

〈이향견문록〉 / 유재건 지음, 실시학사고전문학연구회 역주 / 민음사

〈장자〉 / 안동림 역주 / 현암사

〈택리지〉 / 이중환 지음, 안대회 옮김 / 을유문화사

〈풍석 서유규 산문 연구〉 / 김대중 저 / 돌베개

〈한국의 미 특당〉 / 오주석 지음 / 솔

〈화암수록 : 꽃에 미친 선비, 조선의 화훼백과를 쓰다〉 / 유박 지음, 정민·김영은·손균익 외 옮김 / 휴머니스트

〈허난설헌〉 / 김성남 저 / 동문선

월사 이정귀의 갑계 조직과 「갑계첩」 / 신영주 / 2008

17세기 초 화훼 취미에 관한 일고찰 -이정귀 허균 이수광을 중심으로 / 안나미 / 한국고전연구학회 / 2015

17세기 초 공안파 문인과 조선 문인의 교유 / 안나미 / 우리한문학회 / 2009

허균의 「도문대작」에 대한 고찰 -만명 유행 현상과 관련하여 / 안나미 / 근역한문학회 / 2018

허균과 한중문학교류 -만명시기 우순희를 중심으로 / 안나미 / 한국고전연구학회 / 2020

한국고전번역원 DB

조선왕조실록	산림경제 / 홍만선	월사집 / 이정귀
승정원일기	상촌집 / 신흠	임하필기 / 이유원
경세유표 / 정약용	성소부부고 / 허균	저헌집 / 이석형
계곡집 / 장유	성호사설 / 이익	지봉집 / 이수광
기재잡기 / 박동량	연려실기술 / 이긍익	지봉유설 / 이수광
다산시문집 / 정약용	오주연문장전산고 / 이규경	청장관전서 / 이덕무
	용재총화 / 성현	

조선 금수저의
슬기로운 일상탐닉

초판 1쇄 발행 2021년 1월 30일

지은이 | 안나미

펴낸이 | 박선영
디자인 | 문수민
교정 · 교열 | 정상희
마케팅 | 이경희
인쇄 | 제이오

펴낸 곳 | 의미와 재미
출판신고 | 2019년 1월 30일 제2019-000034호
주소 | 서울특별시 마포구 마포대로24길 16, 116-304
전화 | 02-6015-8381 **팩스** | 02-6015-8380
이메일 | book@meannfun.com
홈페이지 | www.meannfun.com

ISBN 979-11-972582-2-0(03910)

이 도서는 한국출판문화산업진흥원의 '2020년 출판콘텐츠 창작 지원 사업'의
일환으로 국민체육진흥기금을 지원받아 제작되었습니다.